FSV Frankfurt 1899-2024
Geschichten aus 125 Jahren Fußballsportverein

AF190638

SILKE BIALAS

FSV Frankfurt
1899-2024

Geschichten aus 125 Jahren Fußballsportverein

Impressum

Bibliografische Information der Deutschen Nationalbibliothek: Die Deutsche Nationalbibliothek verzeichnet diese Publikation in der Deutschen Nationalbibliografie; detaillierte bibliografische Daten sind im Internet über http://dnb.dnb.de abrufbar.

Die automatisierte Analyse des Werkes, um daraus Informationen insbesondere über Muster, Trends und Korrelationen gemäß §44b UrhG („Text und Data-Mining") zu gewinnen, ist untersagt.

© 2024 Silke Bialas

Verlag: BoD · Books on Demand GmbH, In de Tarpen 42, 22848 Norderstedt
Druck: Libri Plureos GmbH, Friedensallee 273, 22763 Hamburg

ISBN: 978-3-7597-1340-7

Inhaltsverzeichnis

**Kapitel 1: 1899 bis 1924 –
Vereinsgründung und Anfangsjahre**
Die Vereinsgeschichte startet │ Die schwarzen Teufel aus
Bornheim │ Die Entstehung von „Aus eigner Kraft" │ Ugi –
der erste Star des deutschen Fußballs │ Der FSV im Ersten Welt-
krieg │ Alles, nur kein Stadtteilverein │ Bornheim, das lustige
Dorf

**Kapitel 2: 1924 bis 1939
Sportliche Erfolge und Vorkriegszeit**
Rothschilds der Aufruf zur Abstinenz │ Als der FSV das Wald-
stadion eröffnete │ Kampf um die Deutsche Meisterschaft │
Ein Titel – zweimal eingefahren │ Der FSV-Präsident Alfred
J. Meyers │ Als Lotte Specht den Fußball verändern wollte
│ Bornheimer Hang – Heimat des FSV │ Georg Knöpfle und
das Tor zum Titel

**Kapitel 3: 1939 bis 1962
Zwischen Zweitem Weltkrieg und
Bundesligagründung**
Mit Flugzeug zum Pokalfinale │ Einmal FSV, immer FSV
│ Das erste Nachkriegsspiel │ Herrmann, der Held von Bern │
Kress – mit 43 nicht zu alt fürs Tor │ Als der DFB ein Testspiel
untersagte │ Der FSV ist Weltmeister │ Abstieg zur Unzeit

Ende der Insolvenz und sportlicher Neuanfang | Als COVID19 alles veränderte | Strenge Auflagen zum Pokalendspiel | Eine Karriere wie gemalt – Alieu Sawaneh | Tim Görner– FSV'ler seit Geburt | Starke Saison samt Pokalsieg | Immer wieder Netflix | SBA und BEK | Und in Zukunft?

Anhang

Prolog

»Bunt und bewegt, immer etwas lauter als üblich, immer etwas komplizierter als nötig«, so wurde der FSV Frankfurt anlässlich des 100. Jubiläums des Vereins aus Bornheim recht treffend beschrieben. War der Sportverein einst ein echter sportlicher Konkurrent der Eintracht, so hat sich die Geschichte beider Vereine doch stark gegensätzlich entwickelt.

Fast einhundert Jahre ist es her, dass der Fußballsportverein Frankfurt im Endspiel um die Deutsche Fußballmeisterschaft stand. In der Saison 1924/25 kam der FSV bis ins Finale und trat am 7. Juni 1925 gegen den 1. FC Nürnberg an. Nach langem Kampf musste sich der FSV den Franken mit 0:1 geschlagen geben. Nürnberg sicherte sich den Titel. Und das ausgerechnet im Frankfurter Waldstadion, welches mit diesem Fußballspiel eröffnet wurde.

Im Jahr 2024 hat der FSV Frankfurt nach sieben Jahren in der Zweiten Bundesliga und zwei Abstiegen in Folge gerade sein siebtes Jahr in der Regionalliga Südwest hinter sich, der vierten deutschen Liga.

Jahrzehnte mit Hochs und Tiefs, Abstiegen, Aufstiegen, Erfolgen im Frauenfußball, mit zahlreichen Spielern, Stars (und solchen, die es erst noch werden sollten), mit bekannten und unbekannten Trainern, verschiedenen

Spielstätten, Diskussionen um Wappen, mit Rücktritten und vor allem mit leidenschaftlichen Anhängern und Mitgliedern liegen hinter dem Verein.

Dieses Buch ist keine Chronik und erhebt keinen Anspruch auf die Darstellung der lückenlosen Vereinsgeschichte des FSV. Die Autorin erzählt Geschichten, die diesen Verein besonders machen. Aus ihrer Sicht und mit ihrem Wissen. Kuriose Ereignisse, (fast) vergessene Spieler, lustige Anekdoten. Ein etwas anderer Rückblick auf 125 bewegte Jahre des FSV Frankfurt 1899.

Fußballsportverein in 101 Geschichten.

Hinweis: Aus Gründen der besseren Lesbarkeit wird auf die gleichzeitige Verwendung der Sprachformen männlich, weiblich und divers (m/w/d) verzichtet. Sämtliche Personenbezeichnungen gelten gleichermaßen für alle Geschlechter.

Vereinsgründung und Anfangsjahre

Kurz vor dem Jahrhundertwechsel wird der FSV Frankfurt im Frankfurter Stadtteil Nordend gegründet. Der Verein wird rasch erfolgreich und gehört schon bald zu den größten seiner Zeit im Rhein-Main-Gebiet. Kapitel 1 erzählt, wie alles begann.

Die Vereinsgeschichte startet

20. August 1899. Ein denkwürdiger Tag sollte es werden. Einige junge Männer zwischen 15 und 16 Jahren gründeten einen Fußballverein. Die Jungs trafen sich seit Sommer 1898 regelmäßig und spielten als »Fußballklub Nordend« zusammen Fußball. Es war ein sogenannter »wilder Klub« ohne Zugehörigkeit zu einem Verband. Sie trainierten fleißig und bald entstand der Gedanke, einen richtigen und ganz offiziellen Verein zu gründen, ihn anzumelden und an Ligaspielen teilzunehmen. Bis dahin war das Fußballspielen eher eine Spaßveranstaltung ohne einheitliche Kleidung oder feste Tore. Zudem war Fußballspielen gesellschaftlich verpönt, es war zu roh und hart, man ging eher schwimmen, turnen oder übte Leichtathletik aus.

Die meisten der Frankfurter Buben waren noch schulpflichtig oder gerade aus der Schule raus. Es war unschicklich, Fußball zu spielen. Nicht wenige Kinder und Jugendliche handelten sich ordentlichen Ärger im Elternhaus ein, weil sie wieder einmal mit den guten

Sonntagsschuhen gegen den Lederball getreten hatten. Davon ließen sich die Jungs allerdings nicht beirren und ließen ihrer Faszination und ihrer Leidenschaft freien Lauf, gründeten den FSV und brachten damit die mittlerweile 125-jährige Geschichte des Vereins auf den Weg. Zum Glück.

Die Namen aller 16 Gründer des FSV Frankfurt sind leider nicht mehr vollständig bekannt. Zu ihnen gehörten die Brüder Hermann, Richard und Willi Strauß, Eberhard Kuchler, Karl Heiderich, Herrmann Decher, Friedel Gerbig, Philipp Stamm, L. Japke, Ludwig Meier, Karl Münich, Jacques Kropf und Karl Spießhofer. Die jungen Männer stammten vorwiegend aus dem Kleinbürgertum. Dementsprechend gering waren die finanziellen Mittel, also musste gespart werden, um sich Torstangen oder Lederfett leisten zu können. Die ersten Anschaffungen waren beispielsweise sechs Stangen für 4,50 Mark, aus welchen Tore konstruiert wurden.

Da zunächst auch kein Geld für einheitliche Bekleidung vorhanden war, wurden kurzerhand Wappen auf schwarze T-Shirts genäht. Erst einige Jahre später bekam der FSV die (bis heute typischen) schwarzblauen Trikots, weiße Hosen und grüne Stutzen. Schwarzblau wurde zu den Vereinsfarben des Fußballsportvereins.

Obwohl das alles Neuland für die jungen Herren war, lief alles sehr geordnet ab. Vieles konnten sie sich von den anderen Vereinen abschauen, die eine gute Vorlage boten. Die erste Satzung wurde erstellt; sogar ein Vereinslokal, ansässig an der Ecke Glauburgstraße und Friedberger Landstraße, gab es. Das Lokal wurde von Gastwirt Karl Vey – genannt »Schüttel-Karl« – geführt, der die jungen Männer stets unterstützte. Unweit des Lokals wurde damals auch gespielt. Auf dem Glauburgplatz sowie dem Gelände zwischen Egenolffstraße, Friedberger Landstraße und Rohrbachstraße waren freie Flächen, welche die Jungs mit ihrem FC Nordend regelmäßig nutzten.

Kaum war der Fußballsportverein Frankfurt 1899 Frankfurt/Main gegründet, wurde ihm offiziell ein Platz zugeteilt. Der damalige Turninspektor Weidenbach wies dem FSV die Spielwiese am Prüfling zu und der Mittelpunkt des Vereinslebens verlagerte sich vom Nordend nach Bornheim. Und auch das Vereinslokal wechselte zur »Eulenburg«.

Auch wenn der FSV nicht in Bornheim gegründet wurde, so war schnell klar, dass er dort seine Heimat finden würde. Und die Spieler des Fußballsportvereins waren fortan als »die Bernemer« bekannt.

Die schwarzen Teufel aus Bornheim

99 von 100 Fußballfans wären sich ziemlich einig, wer im Fußball gemeint ist, wenn es um »Teufel« geht. Es gibt die Teufel nur einmal und diese sind rot und auf dem Kaiserslauterer Betzenberg zu finden. Rote Teufel gibt es auch im Eishockey, denn der hessische DEL2-

Teilnehmer EC Bad Nauheim ist ebenfalls unter diesem Namen bekannt. Doch als Spitzname für den FSV Frankfurt? Schwer vorzustellen.

Und doch, einst wurden die Kicker des Fußballsportvereins Frankfurt schwarze Teufel genannt. Bis zur Saison 1902/03 spielten die Männer in komplett schwarzer Spielkleidung. Jeden Pfennig hatten sie gespart, um sich die einheitliche Bekleidung zuzulegen. Zunächst bestand diese aus einem weißen Turnertrikot und einer kurzen schwarzen Hose, später besorgten sie sich schwarze Hosen mit seitlich angebrachten weißen Streifen sowie ein schwarzes Oberteil oder einen schwarzen Sweater. Trat der Fußballsportverein auf der Hundswiese an der Frankfurter Miquelallee gegen größere Vereine an, so gab es zu hören »Jetzt kommen die schwarzen Teufel« oder »jetzt kommen die Bernemer«[1].

Die Farben waren allerdings zu dieser Zeit nicht ungewöhnlich. Die meisten Vereine hatten schwarze Trikots und Hosen. Grund genug, dass der FSV Frankfurt dies so schnell wie möglich ändern wollte und sich eigene Farben zulegte. Ab diesem Zeitpunkt lief der FSV mit quer gestreiften Trikots in Schwarz und Blau, weißer Hose und grünen Stutzen auf. Wieso die Stutzen ausgerechnet grün waren, ist leider nicht mehr bekannt.

Die Trikots waren noch lange nicht das, was man heutzutage darunter versteht. Es waren normale Oberteile, oft mit Kragen, zunächst ohne und später mit

---

1 Schock/Hinkel (1999), S. 15

aufgenähtem Vereinsemblem. Von Funktionskleidung oder gar Sponsoren- bzw. Ligaaufdrucken war noch lange keine Spur.

Die Anschaffung der schwarzblauen Trikots, die der FSV Frankfurt bis heute und mit viel Stolz trägt, wurde auf ganz besondere Art gefeiert. Die Mannschaft, die in diesen Trikots den ersten Sieg eingefahren hatte, bekam elf Stammgläser mit Karaffen. Diese Gläser standen fortan im Vereinslokal »Eulenburg« in der Bornheimer Eulengasse sicher verschlossen in einer Vitrine und wurden sonntags zusammen mit den Kommers- und Gesangbüchern ausgegeben. Im Jahr 1907/08 wurde gar eine Gesangsabteilung eingerichtet, die sich jedoch nur ein gutes halbes Jahr hielt. Zwar gab es im Verein viele talentierte und ambitionierte Sänger, allerdings gingen sie lieber zum Fußballplatz, anstatt in die Gesangsstunde. Immerhin nutzten sie fortan ihre Sangeskünste, um die Kicker des Fußballsportvereins lautstark anzufeuern und das sollte einige Erfolge nach sich ziehen.

Die Entstehung von »Aus eigner Kraft«

Nachdem die erste Gründungswelle der Fußballvereine in Frankfurt aus den Jahren um die Jahrhundertwende 1899/1900 erst einmal vorüber war, begann die zweite Welle: die der Zusammenschlüsse. Von vielen Fusionen nahm man nicht einmal Notiz, doch eine sorgte für größeren Wirbel.

Im Mai 1911 wurden die Kickers und die Victoria zum »Frankfurter Fußball-Verein« (kurz: FFV). Zwei bis dahin sehr erfolgreiche Frankfurter Vereine sorgten dafür, dass der Fußballsportverein erst einmal nach hinten gedrängt wurde. Davon ließ sich der FSV keineswegs beeindrucken. Die Verantwortlichen dachten gar nicht daran, sich einen eigenen Verbündeten zu suchen, um sich selbst wiederum zu stärken. Stattdessen kam eine andere Reaktion vom FSV, mit der man vielleicht nicht unbedingt gerechnet hatte: Es wurde eine außerordentliche Hauptversammlung für den 9. Juli 1911 einberufen und man beschloss die Anschaffung eines Vereinsbanners.

Das Banner war analog der Vereinsfarben schwarz mit blau und ein Damenkreis bestickte die Rückseite mit dem neuen Spruch »aus eigner Kraft« – im Original ohne mittleres »e«. Neues Vereinsmotto und zugleich Kampfansage an den frisch zusammengeschlossenen, neuen Verein und auch an alle anderen Konkurrenten.

Eine Ansage, die für Zündstoff bei den Duellen sorgte. Der im Stadtteil Bornheim fest verwurzelte Fußballsportverein hatte die meisten Anhänger in dieser Gegend, während der FFV Mitglieder und Fans in der gesamten Stadt hatte. Arbeiter kontra gehobenes Bürgertum. Das brachte Zündstoff in die Duelle und sorgte für echtes Derbyfeuer, von dem man heute nur noch träumen kann. Das erste Lokalderby sollte bereits kurz darauf stattfinden. Am Heiligen Abend des Jahres 1911 trafen der FFV und der FSV aufeinander. Der FSV gewann durch ein Elfmetertor und der Graben zwischen den Rivalen sollte immer größer werden.

Im darauffolgenden Jahr kam es während eines Duells zu solch heftigen Auseinandersetzungen, dass sogar einige Spieler verletzt vom Platz getragen werden mussten. Die FSV-Führung ließ sich dies nicht gefallen und so wurde entschieden, dass der Spieler, der sich am schlechtesten benommen hatte, aus der 1. Mannschaft ausgeschlossen wurde. Zum Rückspiel kam es gar nicht erst, denn der Verband sperrte die gesamte 1. Mannschaft für drei Monate. Doch auch zu dieser Sperre sollte es nicht kommen; der FSV legte Protest ein und die Sperre wurde umgehend aufgehoben.

Zu dieser Zeit war es nicht unüblich, gegen jegliche Spielwertung zu protestieren. Der FSV ließ sich von all den Widrigkeiten nicht beirren und blieb immer seinem Motto treu, auch wenn es zu mancher Zeit vermutlich sinnvoller gewesen wäre, eine Fusion einzugehen und sich dadurch (auch finanziell) zu stärken.

Ugi – der erste Star des deutschen Fußballs

Stärken sollte sich der FSV Frankfurt trotzdem, und zwar sportlich. Camillo Ugi gilt als der berühmteste Fußballer in der Zeit bis 1914. Mit 14 Jahren begann Ugi mit dem Sport. Turnen sollte es sein. Nur wenig später kam das Fußballspielen dazu und Ugi schloss sich dem Leipziger Ballspielclub 1893 an. Trotz der Liebe zu seiner deutschen Heimat war Ugi stets daran interessiert, Erfahrungen außerhalb Leipzigs und auch außerhalb Deutschlands zu sammeln. Er wurde zum Weltenbummler, der für über 15 Vereine aktiv war. So zog es ihn 1905 nach Brasilien, wo er Arbeit und Fußball miteinander verbinden konnte.

Zurück in Leipzig wechselte er zum VfB Leipzig, die kurz zuvor ihre erste Meisterschaft gewonnen hatten und sicherte sich mit dem Verein ebenfalls den Titel. 1908 absolvierte die deutsche Nationalmannschaft das erste Länderspiel der Geschichte und natürlich durfte Camillo Ugi nicht fehlen. Mit 15 Einsätzen war er so oft wie kein anderer Spieler dieser Zeit in der gesamtdeutschen Auswahl dabei.

Im August 1911 verließ Ugi erneut seine Leipziger Heimat, weil er dort keine Arbeit mehr fand. Zunächst führte ihn sein Weg nach Frankreich zu Stade Helvétique. Der Verein war allerdings weit weniger professionell, als Ugi es sich erhofft hatte. Er wollte eigentlich zurück nach Leipzig, landete auf dem Weg dahin aber beim FSV Frankfurt. Mit ihm wollte der FSV endlich die ersehnte Nordkreismeisterschaft gewinnen. Es sollte leider anders kommen. Ugi kam nie richtig in Frankfurt an und kehrte schnell in seine Heimat zurück. Bis Mitte der 1920er-Jahre war er in Leipzig als Fußballer aktiv. Gewürdigt wurde Ugi nochmals, als im Jahr 2006 der

Zentralsportpark in Markkleeberg Nähe Leipzig in Sportpark »Camillo Ugi« umbenannt wurde.

Nach dem sehr kurzen Gastspiel Ugis wurde der FSV in der Meisterschaft nur Zweiter, dummerweise hinter dem ärgsten Rivalen FFV. Sportlich war es in dieser Zeit schwer für den FSV, aber die Erfolge der sollten nicht mehr lange auf sich warten lassen.

Der FSV im Ersten Weltkrieg

Nach den Querelen mit dem Rivalen Frankfurter Fußballverein (FFV) stellten sich erste Erfolge ein. Dann erschütterte der Erste Weltkrieg Deutschland. Auch in dieser Zeit musste der Fußballsportverein seine Kraft unter Beweis stellen. Bis zum Ausbruch des Krieges konnte der Spielbetrieb zunächst normal weiterlaufen, dann wurden alle Männer im passenden Alter eingezogen und mussten an die Front. 36 FSV-Mitglieder kehrten aus diesem Krieg nicht zurück. Unter den Opfern waren einige sportlich sehr erfolgreiche Personen.

Zunächst ruhte der Sportbetrieb fast völlig, bis der Frankfurter Turnsportverband dazu aufrief, weiterzumachen. Fast propagandistisch hielten sie die jungen Männer dazu an, sich durch den Sport auf die Aufgaben, die noch kommen mögen, vorzubereiten. Nach einer Unterbrechung wurde im Herbst 1915 auch der offizielle Spielbetrieb wiederaufgenommen.

Leicht hatte es der FSV in dieser Zeit nicht. Zeitweise waren die Nahrungsmittel sehr knapp und die Menschen dementsprechend geschwächt. Umso erstaunlicher, dass es jeden Sonntag aufs Neue gelang, eine Mannschaft auf die Beine zu stellen. Diese Beharrlichkeit zeichnete sich aus: 1917 wurde der FSV Nordkreismeister und nahm an den Spielen um die Süddeutsche Meisterschaft teil, welche er als Dritter abschloss.

Besonders die vielen älteren Mitglieder ließen zu dieser Zeit das Engagement in ihrem Verein ein wenig vermissen und die Jüngeren übernahmen das Ruder. Ein Ruck ging durch den Verein, Aufbruchsstimmung stand auf dem Programm.

Nach Ende des Krieges blieben die sportlichen Erfolge zunächst wieder aus, was zu einigem Unmut führte. Grund hierfür war unter anderem, dass der FSV sich 1919/20 gleich von sieben Stammkräften verabschieden musste und in der Folgesaison dem Abstieg verdächtig nah kam.

Auch der FFV fing wieder an, den FSV herauszufordern. Diesmal ging es um das Thema Stadion. Bereits 1908 hatte der Fußballsportverein den Sportplatz an der Seckbacher Landstraße bezogen, doch dieser Platz wurde langsam zu klein. Außerdem war es der mittlerweile zur Sportgemeinde Eintracht Frankfurt gewordene Rivale, der sich ein Stadion für 40.000 Zuschauer im Riederwald bauen ließ. Präsident des FSV war zu dieser Zeit Jean Jehn, der bereits 1908 entscheidend am Bau des Platzes beteiligt und seit seinem Ausscheiden

Ehrenmitglied war. Er nahm das Heft erneut in die Hand und ließ den Sportplatz an der Seckbacher Landstraße erweitern. Eine Arbeitsgruppe wurde gebildet, ein Plan erstellt, der Ausbau begonnen. Im August 1921 wurde der Platz wiedereröffnet und eingeweiht. Zwei Jahre später wurde Jean Jehn aufgrund seiner Verdienste um den FSV Frankfurt zum Ehrenvorsitzenden ernannt.

Die »goldenen Jahre« sollten bald beginnen. Nach einem Jahr voller Aufbauarbeit folgten die elf erfolgreichsten Jahre der Vereinsgeschichte. Und das natürlich aus eigener Kraft.

Alles, nur kein Stadtteilverein

Bornheim oder nicht Bornheim, das ist hier die Frage. Diese Frage stellt sich allerdings weniger für die echten Bornheimer, alten Anhänger und Fans und die Einwohner Frankfurts an sich, sondern eher für Außenstehende und leider oft auch innerhalb des FSV Frankfurts selbst. Seit dem letzten Aufstieg in die 2. Bundesliga hat der Verein immer mal wieder versucht, sich mithilfe von Marketingkampagnen zu positionieren.

Vor über einhundert Jahren stellte sich niemand die Frage, wer oder was der FSV sei und wo er herkommt. »Der FSV ist Bornheim, die Eintracht, das ist

Frankfurt«[2], so hieß es in den Zwanzigerjahren. Die Anhänger des Fußballsportvereins waren fast ausschließlich aus Bornheim, während die Anhänger der Eintracht aus dem gesamten Stadtgebiet und der Umgebung kamen. Es war, als kenne man den FSV außerhalb Bornheims gar nicht.

Die Menschen aus Bornheim waren eher einfache Leute, Arbeiter oder Angestellte. Die wohlhabendsten unter ihnen waren die auf der Berger Straße ansässigen Geschäftsleute, die den FSV natürlich auch unterstützten. Damals wie heute spielte sich der Großteil des Bornheimer Lebens auf der Berger Straße ab. Stärker als der große Nachbar ist der Fußballsportverein in (s)einem Stadtteil verwurzelt. Das Vereinsleben des FSV hat sich seit 1899 immer in und um Bornheim herum abgespielt, während die Eintracht an unterschiedlichen Orten und Stadtteilen Frankfurts angesiedelt war.

Historisch bedingt sind die Adlerträger der SGE eher als Riederwälder bekannt, während das Waldstadion, in welchem bis heute die Spiele der Profimannschaft ausgetragen werden, im Stadtwald ist. Heute befindet sich im Riederwald das Nachwuchsleistungszentrum des Bundesligisten mit diversen Plätzen, einem Fanshop und einem Restaurant. Damit sind der Verein und die Fußball AG räumlich voneinander getrennt.

---

2 Schock/Hinkel (1999), S. 40

Eine Frage, die sich heute allerdings wohl nicht mehr beantworten lassen wird, ist die, wieso die Gründer einst den Fußballsportverein Frankfurt gründeten und den Klub nicht nach dem Stadtteil benannten, aus welchem sie kamen und in welchem sie sich seinerzeit aufhielten, so wie beispielsweise die SG Bornheim. Aus heutiger Sicht war dies allerdings recht vorausschauend gewählt, denn sonst würden wir heute über einen Fußballsportverein Nordend oder Bornheim sprechen und nicht über einen FSV Frankfurt. Und einen Stadtteil Nordend gibt es ja auch in Offenbach.

Mit der Wahl des Vereinsnamens Fußballsportverein Frankfurt/Main lässt sich die Herkunft des Vereins klar erschließen: Frankfurt am Main und damit im schönen Hessen.

Bornheim, das lustige Dorf

Frankfurt-Bornheim – genannt »Bernem« – ist der größte Stadtteil der Main-Metropole. Seine Einwohner sind ein ganz besonderes Völkchen. Die Bezeichnung »das lustige Dorf« entstand in erster Linie deswegen, weil immer etwas los war und bis heute ist.

Im 19. Jahrhundert pilgerten die Frankfurter jedoch nicht nur nach Bornheim, um dort zu essen und zu trinken. Bornheim war der Ort, an dem man vor allem auf horizontaler Ebene seinen Spaß haben konnte. Sexuelle Abenteuer, Speis und Trank. Dafür war Bernem bekannt. Seit 1877 gehört der Stadtteil zu Frankfurt. Besonders der obere Teil der Berger Straße hat bis heute einiges an Gastronomie zu bieten. Apfelwein Wirtschaften, Kneipen, Restaurants. Wird das Wetter besser, spielt sich das Bornheimer Leben fast nur noch im Freien ab. Dazu viele Feste wie das Bergerstraßenfest, Bernemer Weinfest, Bernemer Kerb mit dem beliebten Bernemer Mittwoch – wer hier lebt, kann die Warmherzigkeit eines Dorflebens genießen.

In den letzten Jahren war der Fußballsportverein auf diesen Festen und Veranstaltungen in seinem Stadtteil präsent. So gab es Stände mit Getränken und Fanartikeln auf der Bernemer Kerb oder man nahm mit Fans und Mitarbeiter an dem großen Umzug quer durch Bornheim teil. Der FSV ist immer nah dran und die Menschen sind nah am FSV.

Es gibt viele Parallelen, die den Fußballsportverein und Bornheim miteinander verbinden. Beide verbindet eine gewisse Herzlichkeit, Offenheit und Nähe. Wie im Stadtteil, so ist auch beim FSV jeder herzlich willkommen. Am Stadion am Bornheimer Hang ist ein Schild zu finden, auf welchem sich der FSV Frankfurt klar gegen Rassismus positioniert.

In gesellschaftlichen Fragen wird der FSV auch von seinem Fanprojekt unterstützt. Das Fanprojekt ist eigentlich ein Teil der Stadt Frankfurt, allerdings nur für den FSV tätig, da Eintracht Frankfurt ein eigenes Fanprojekt hat. Die hauptamtlichen Mitarbeiter des Fanprojekts kümmern sich nicht nur um die eigene

Fanszene, sondern beispielsweise auch um Flüchtlinge und darum, diese dem FSV näherzubringen. Besuche im Stadion, Fußballturniere, Ausflüge, offene Abende, Lesungen und Vorträge etc. - hier wird einiges getan und geboten. Natürlich positionieren sich Fanprojekt und FSV damit auch gegen Homophobie und wie bereits erwähnt gegen Rassismus. Das sogenannte Fanhaus, welches sich am Ratsweg direkt gegenüber der Zufahrt zum Festplatz vor der Eissporthalle befindet, ist eine Anlaufstelle für junge Leute geworden.

War gerade die Berger Straße einst bekannt dafür, dass dort ansässige Geschäftsleute den FSV unterstützen, so sieht man heutzutage nur gelegentlich mal ein altes FSV-Spielankündigungsplakat oder eine schwarzblaue Fahne. Heutzutage sind die Geschäfte, die sich klar zum FSV bekennen, leider eher die Ausnahme. Das war vor 90 oder 100 Jahren noch ganz anders. Der FSV hat wie kaum ein anderer Verein den Typus des Stadtteilvereins verkörpert. Innerhalb Frankfurts war er der Verein, mit den meisten Treffpunkten für Anhänger und solche, die es noch werden wollten. In Bornheim befanden sich gleich vier Treffpunkte für FSV-Anhänger: Das *Karl May*, das *Sporteck*, die *Eulenburg* sowie der *Dicke Fritz*, der bis heute an gleicher Stelle existiert, allerdings kaum noch Bezug zum FSV hat.

Das offizielle Vereinslokal war einst die *Eulenburg*. Nach fast 300 Jahren und sechs Generationen in Familienbesitz hat die *Eulenburg* im Jahr 2012 endgültig geschlossen. Die *Eulenburg* war stark mit dem FSV verwurzelt, bis kurz vor der Schließung wurden Versammlungen und Fanabende in der beliebten Apfelweinwirtschaft veranstaltet. Veranstaltungen dieser Art führt der FSV mittlerweile größtenteils in seinen eigenen Räumlichkeiten durch.

Einige Jahre lang gab es Gastronomie direkt im Stadion. Als die alte Haupttribüne noch stand, war die dort ansässige Gaststätte beliebter Treffpunkt. Heute gibt es leider keine Gaststätte mehr im Stadion. Mit dem Abriss der alten Haupttribüne und dem Start des Umbaus starb auch die öffentliche Gastronomie am Bornheimer Hang.

Heute finden sich noch vereinzelt FSV-Kneipen in Frankfurt. Dazu gehören beispielsweise die *Ha!-Ka?* in der Bornheimer Habsburgerallee oder das *K17* in Sachsenhausen. Aber auch andere Sportsbars und Kneipen sind dem FSV positiv zugetan.

Kapitel 2: 1924 bis 1939

Sportliche Erfolge
und Vorkriegszeit

Zwischen 1923 und 1927 gab es am Main nur einen Meister – den FSV. Die Zwanziger- und Dreißigerjahre waren für den Fußballsportverein überaus erfolgreich. 1931 erfolgte der Umzug ins neue Stadion am Bornheimer Hang; zwei Jahre später wurde die Süddeutsche Meisterschaft eingefahren. In dieser Zeit zählte der FSV zu den zehn besten Vereinen der Weimarer Republik. Ab 1933 wirbelten die Machtergreifung der Nationalsozialisten und der nahende Zweite Weltkrieg erneut einiges durcheinander.

Rothschilds Aufruf zur Abstinenz

Im Jahr 1924 wurde Dr. David Rothschild Präsident des Fußballsportvereins Frankfurt. Rothschild war der Sohn eines jüdischen Fabrikanten und betrieb in Frankfurt eine sehr gut laufende Praxis für Lungen- und Herzkrankheiten. Ein renommierter Facharzt, der von seinen Spielern vor allem eins verlangte: eiserne Disziplin. Dies betraf nicht nur die Trainingseinheiten und die Spiele, sondern auch das Leben neben dem Platz. Die Fußballer wurden zu einem nahezu asketischen Leben gedrängt. Und das bedeutete Enthaltsamkeit.

Dies ließ Rothschild sogar für die Vereinsnachrichten (Vorläufer des heutigen Stadionheftes) des FSV Frankfurt schriftlich fixieren: »Branntwein trinken ist bewusste Schändung des Adels der Seele, der Herrschaft des Geistes zugunsten einer tierisch wollüstig verantwortungslosen Augenblickstimmung. Exzesse anderer Art wie Nikotin und Venus Vulgivaga (aus dem Lateinischen, herabsetzender Name der Göttin Venus, im übertragenen Sinne ein Freudenmädchen) sind nicht minder gefährlich. Der Fußballer, der tagsüber arbeitet, braucht die Nachtruhe, braucht den Schlaf.«[3] In Rothschilds Augen war ein über die Stränge schlagen eines Fußballspielers Verrat am Verein. Harte, aber deutliche Worte, mit denen der Vorsitzende seiner Mannschaft gegenübertrat. Es schien allerdings, als blieben sie nicht ungehört und unberücksichtigt. Zwischen 1922 und 1927 gab es nur einen Meister am Main, nämlich den FSV Frankfurt.

Die Teilnahme am Endspiel um die Deutsche Meisterschaft im Jahr 1925 krönte diese Leistung. Die Mannschaft war diszipliniert und wollte auch weiterhin Erfolge für ihren Fußballsportverein erringen.

Aufsehen erregte Rothschild, als er die aufkommende Bewegung hin zum Berufsfußball unterstützte. Gleichzeitig wurden seine Lebensumstände nach der Machteroberung der Nationalsozialisten in Deutschland immer schwieriger. Seine Kinder wanderten ins Ausland aus und brachten sich frühzeitig in Sicherheit. David Rothschild starb bei einem Besuch seiner Tochter in Stockholm an einem Herzinfarkt. Er ging als einer der Väter des Erfolgs dieser Zeit in die Geschichte des FSV Frankfurt ein.

---

3 Bauer/Hochgesand (1999): S. 33

Als der FSV das Waldstadion eröffnete

Der Fußballsportverein ist bekannt für seine Heimat am Bornheimer Hang. Zeitweise und aufgrund unterschiedlicher Umstände wie Zerstörung im Zweiten Weltkrieg oder während Umbauarbeiten musste er zeitweise auf andere Spielstätten in der Umgebung ausweichen. Beispielsweise nach dem Aufstieg in die 2. Bundesliga in das Stadion der Frankfurter Eintracht, welches zu dieser Zeit Commerzbank Arena hieß. Doch als das Stadion im Frankfurter Stadtwald eröffnet wurde, war es nicht die Eintracht, die das erste Spiel austragen durfte. Es war der FSV.

Der Anlass war kein Geringerer als das Endspiel um die Deutsche Meisterschaft, in welches mit dem FSV erstmals ein Frankfurter Verein eingezogen war. An jenem Junitag im Jahr 1925 standen die Bornheimer dem Vorjahresmeister 1. FC Nürnberg im Frankfurter Waldstadion gegenüber. Das Stadion war kurz zuvor erst fertiggestellt worden, an Christi Himmelfahrt 1925. Nur drei Wochen später stand der FSV auf dem Platz, 40.000 Zuschauer standen und saßen auf den Rängen, um sich dieses Ereignis nicht entgehen zu lassen. Man hätte deutlich mehr Karten verkaufen können, denn der Andrang und das Interesse an diesem Spiel waren riesig.

Aufgrund der enormen Temperaturen zweifelten sowohl der Vorsitzende Willy Jeßler als auch sein späterer Nachfolger Dr. David Rothschild, ob das noch gut für die Spieler sei. Doch Aufgeben lehnen die Kicker entschieden ab. Sie wollten dieses Spiel austragen.

Wie das Endspiel ausging und wie sich der FSV schlug, gibt es in der nächsten Geschichte zu lesen.

Kampf um die Deutsche Meisterschaft

Die frühen Zwanzigerjahre des vergangenen Jahrhunderts zählen zu den sportlich erfolgreichsten Jahren der Geschichte des Fußballsportvereins Frankfurt. Nach der Übersiedelung nach Bornheim wurde der FSV auch überregional als Verein aus dem Frankfurter Stadtteil bekannt. Die »Bernemer« machten sich einen Namen.

Die Mainbezirksmeisterschaft wurde errungen und in der Folge trat der FSV in den Spielen um die Süddeutsche Meisterschaft an. Hinter dem VfR Mannheim und dem 1. FC Nürnberg wurde der FSV Dritter. Damit durfte der FSV erstmals an den Spielen um die gesamtdeutsche Meisterschaft teilnehmen.

Im Mai 1925 trat der FSV Frankfurt zunächst gegen den Hamburger Sportverein an. Der HSV ging als klarer Favorit in die Partie, doch die Zuschauer sollten eine Überraschung erleben. Und das nicht nur in diesem Spiel. Der HSV wurde mit 2:1 geschlagen, im darauffolgenden Spiel gewann der FSV mit 3:1 gegen den ETB Schwarz-Weiß Essen in Bochum.

Schlussendlich fand sich der Fußballsportverein unter den letzten vier Teams wieder. Als Nächstes stand

33

das Spiel gegen Hertha BSC auf dem Programm. Dank eines Elfmeter-Tores von Robert Pache ging der FSV als Sieger vom Platz und so kam es zum Endspiel um die Deutsche Meisterschaft. Gegner: der 1. FC Nürnberg.

Nachdem der FSV bereits im Rahmen der Spiele um die Süddeutsche Meisterschaft zweimal gegen Nürnberg angetreten war, herrschte Hoffnung. Zwei Duelle hatte es bisher gegeben; ein 1:1 in Nürnberg sowie einen 2:1-Sieg in Frankfurt.

Am 7. Juni 1925 fand das Endspiel im Frankfurter Waldstadion statt. 40.000 Fans hatten das Glück, dabei sein zu können. Nürnberg hatte ein Team, das fast ausschließlich aus Nationalspielern bestand. Davon konnte der FSV als klarer Außenseiter nur träumen. Erst wenige Wochen zuvor hatte Trainer Willi Spreng, unter dessen Leitung der FSV Frankfurt dreimal die Mainmeisterschaft gewonnen hatte, sein Amt niedergelegt. Von den Erfolgen der Vergangenheit war kaum mehr etwas zu sehen. Robert Pache wurde zum Spielertrainer und hauchte dem Team neues Leben ein. Mit ihm ging das Team in das Endspiel. Für Torhüter Jean Koch sollte es eines der letzten Spiele für den FSV werden. Fast wäre er zum Spieler des Spiels geworden.

Der FSV spielte erstaunlich gut mit, ließ kaum durchblicken, dass er (zumindest auf dem Papier) unterlegen war. Die erste Viertelstunde gehörte den Hausherren. Doch Nürnbergs Torhüter Heinrich »Heiner« Stuhlfauth – natürlich auch Nationalspieler – konnte seinen Kasten sauber halten. Die Nürnberger kamen kaum durch; Frankfurts Verteidiger Adolf Reitz und Robert Pache hielten alles dicht. Die erste echte Bewährungsprobe für die Frankfurter kam dann in Minute 59: Elfmeter für Nürnberg. Der Nürnberger Riegel schoss, FSV-Keeper Jean Koch hielt. Es sollte beim 0:0 über die reguläre Spielzeit bleiben. Erst in der 117. Minute und somit kurz vor Ende der Verlängerung gelang dem Nürnberger Ludwig Wieder das Tor zum 0:1. Bitter.

Der FSV verlor das Endspiel denkbar knapp und mit Anstand und sicherte sich einen Platz in der Fußballgeschichte Deutschlands. Auch wenn die Meisterschaft nicht nach Frankfurt geholt wurde, so war man sehr stolz auf den FSV. Der Fußballsportverein, der zu dieser Zeit 2.500 Mitglieder verzeichnen konnte, feierte einen der größten Tage der Vereinsgeschichte. Spieler und Trainer wurden im Anschluss mit der silbernen DFB-Medaille ausgezeichnet.

Ein Titel – zweimal eingefahren

Es gab Zeiten, in denen es gängig war, im Sport und insbesondere im Fußball gegen alles zu klagen. Viele Spielwertungen wurden selten im ersten Anlauf akzeptiert, es wurde generell erst einmal Einspruch eingelegt. Kaum vorstellbar, wie anstrengend das gewesen sein muss.

Manch ein Einspruch war allerdings gerechtfertigt. So auch in der Saison 1925/26. Kurz nach der bitteren

Niederlage im Endspiel um die Deutsche Meisterschaft 1925 gegen den 1. FC Nürnberg musste es sportlich weitergehen. Kopf hoch und von Neuem starten. Der FSV wollte sich auch gesellschaftlich etablieren, machte mit Dr. David Rothschild, Mediziner und Politiker, jemanden zum neuen Vereinspräsidenten, der in Frankfurt und der Umgebung angesehen war. Als größter Konkurrent im Kampf um die Mainmeisterschaft galt der 1. FC Hanau 1893. Die beiden Vereine lieferten sich ein enges Kopf-an-Kopf-Rennen.

Die Saison war nahezu vorbei und es stand nur noch ein Spiel an und das sollte ausgerechnet ein Nachholspiel gegen Hanau sein, in welchem es um den Titel ging. Das nutzte auch ein ansässiger Radiosender aus, der erst 1923 gegründet wurde. Das Spiel am 31. Januar 1926 soll das Erste gewesen sein, welches live im Radio übertragen wurde.[4] »Die Übertragung wurde so durchgeführt, dass ein Berichterstatter den Verlauf fortwährend in ein Mikrofon hineinsprach; hie und da wurde auch das Publikum hörbar. Natürlich zeigte der erste Versuch noch Mängel, da der eine Sprecher nicht in der Lage ist, das Mikrofon andauernd zu bedienen, wodurch längere Pausen entstehen.«[5] Andere Quellen bezeichnen allerdings die Übertragung von Preußen Münster gegen Arminia Bielefeld im Jahr 1925 als erste Liveübertragung.

---

4 aus FN-Sport in: Schock/Hinkel, 1999, S. 37.
5 Ebd.

Die Zuschauer sollten allerdings trotz der widrigen Umstände bei der ersten Liveübertragung im Radio nicht enttäuscht werden. Der FSV gewann das Spiel mit 2:0 und sicherte sich zum vierten Mal in Folge den Main-Meistertitel. Doch wie erwähnt, waren viele Gegner sehr auf Einsprüche bedacht und fanden manchmal sogar wirklich handfeste Gründe, die diese rechtfertigten.

Zu Beginn der Saison hatte der FSV sich die Dienste von Hans Linnighäuser gesichert. Der Verband hatte ihm ursprünglich die Spielerlaubnis geteilt, allerdings war hierbei ein Fehler unterlaufen. Kurz nach dem letzten Saisonspiel stand nun die Berufungsverhandlung an. Hanau fühlte sich benachteiligt und klagte darauf, dass dem FSV die mit Linnighäuser auf dem Platz erzielten Punkte aberkannt werden mögen. Da der Fehler jedoch ein Fehler des Verbandes und nicht des FSV war, nahm der Verband die Schuld auf sich. In zweiter Instanz bekam Hanau 93 tatsächlich recht und dem FSV wurde der Titel aberkannt. Das wiederum wollte der FSV nicht auf sich sitzen lassen.

Unterdessen trat Hanau bereits als amtierender Mainmeister bei süddeutschen Verbandsspielen an und verlor zweimal. Präsident Rothschild hatte parallel gekämpft und einen Teilsieg errungen: Dem FSV wurde nur ein Punkt abgezogen und man war damit punktgleich mit Hanau.

Ein erneutes Entscheidungsspiel sollte die wirklich endgültige Entscheidung bringen. Mittlerweile waren vier Wochen vergangen; am 28. Februar 1926 wurde das Spiel in Mannheim ausgetragen. Hanau ging schnell in Führung, bereits in der 9. Spielminute. Der FSV glich vor der Pause aus und kam auch in Halbzeit zwei besser in die Partie. Ein schnelles zweites Tor sorgte für die Führung. Dabei blieb es bis kurz vor Schluss, bis es Strafstoß für Hanau gab. Die 93er vergaben ihre Chance. Der Fußballsportverein war also ein zweites Mal Mainmeister. Dummerweise teilte der Verband kurz danach mit, dass Hanau 93 trotzdem weiterhin an der Süddeutschen Meisterschaft teilnehmen werde. Ein Schock für Fans und Verein.

Aber es kam, was kommen musste: ein erneuter Einspruch. Dank des Verhandlungsgeschicks von Dr. Rothschild wurde erneut etwas Besseres für den FSV ausgehandelt. Der FSV durfte den Startplatz übernehmen, allerdings mit den Verlustpunkten, die Hanau in den bereits gespielten Partien eingefahren hatte. Der FSV kämpfte hart und holte auf. Am Ende sollte Platz drei herausspringen und somit die Teilnahme an der Endrunde der Deutschen Meisterschaft. Hier lief es im Vergleich zum Vorjahr nicht mehr so gut: das Aus im Viertelfinale nach einem 2:8 gegen Hertha BSC. Für Hanau war das Kapitel allerdings auch nicht beendet. Erneut wurde geklagt, und zwar diesmal darauf, dass alle Spiele des FSV verboten und die Beschlüsse des Verbandes für unwirksam erklärt werden. Das war selbst dem Verband zu bunt und schloss die Hanauer aus selbigem aus. Sei es Einsicht oder Respekt, Hanau 93 nahm die Klage zurück und wurde begnadigt.

Der FSV-Präsident Alfred J. Meyers

Dr. David Rothschild hatte den Posten des Präsidenten des FSV Frankfurt von 1924 bis 1929 inne. Ursprünglich war geplant, dass er lediglich repräsentative Aufgaben übernehmen solle und so wurde nach zwei Jahren eigens für Rothschild die Position des »Altvorsitzenden« geschaffen. Allerdings gefiel ihm auch das Tagesgeschäft recht gut und er konnte davon nicht ablassen. Dies führte immer mal wieder zu Unstimmigkeiten mit dem eigentlichen Vorstand. Zum Verhängnis wurde ihm der Skandal um seinen engen Freund und FSV-Spieler Robert Pache, der fast zeitgleich mit Rothschild dem FSV beigetreten war. Nachdem bereits seit einer Weile gemunkelt wurde, Pache würde vor den Spielen Kokain zu sich nehmen, kam es zu einer Anklage und Pache wurde vor Gericht gestellt. Rothschild hielt zu seinem Freund und stellte sich hinter ihn. Der Vorstand wollte sich daraufhin Rothschild nicht mehr unterordnen und es kam zum Bruch. Letztendlich trat Rothschild zurück.

Kurz darauf wurde Alfred J. Meyers zum 1. Vorsitzenden des FSV Frankfurt gewählt. Meyers, ebenfalls jüdischer Herkunft und leitender Angestellter des Chemieunternehmen IG Farben. Es war keine einfache Zeit, in der Alfred J. Meyers zum Sportverein gestoßen war. 1929 kam es zum New Yorker Börsencrash, dem Schwarzen Freitag (25. Oktober 1929). Daraufhin setzte ein schlagartiger Abruf amerikanischer Kredite ein, der

in Europa und so auch in Deutschland zu Zusammen-
brüchen von Firmen, Massenentlassungen und in der
Folge auch zu einer hohen Arbeitslosigkeit führten.
Frankfurt hatte zu diesem Zeitpunkt gut 550.000 Einwohner. Im Dezember 1932 wurden davon 71.000 als
arbeitslos registriert.

Während Rothschild eher als »Lichtgestalt« bekannt wurde, war Meyers der »Macher«. Ihm wurde
früh klar, dass das bisherige Vereinsgelände an der
Seckbacher Landstraße aufgrund der Erfolge und dem
daraus resultierenden Andrang viel zu klein geworden
war. Trotz der finanziell schwierigen Zeit während der
Wirtschaftskrise nahm der Fußballsportverein unter
dem Vorsitz Meyers' das Projekt Bau eines eigenen Stadions in Angriff. Von der Stadt Frankfurt konnte das
Gelände am Bornheimer Hang günstig gemietet werden. Es entstanden eine große Tribüne, Stehterrassen,
ein Rasenplatz sowie Räumlichkeiten im Innern der
Tribüne. Das Stadion wurde am 11. Oktober 1931 mit einer Platzweihe und einem Spiel gegen Germania 94 eröffnet. Zu dieser Zeit konnte der Fußballsportverein eines der modernsten und schönsten Stadien in Süddeutschland sein Eigen nennen.

Als der Zweite Weltkrieg begann, lebten um die 28.000
Juden in Frankfurt. Darunter auch der FSV-Vorsit-
zende Alfred J. Meyers. Zur Ideologie der Nationalsozialisten unter Reichskanzler Adolf Hitler gehörte der Ju-
denhass. Sie nahmen einiges auf sich um die Juden zu
vertreiben. Am 24. Mai 1933 wurde allen Vereinen eine

Einheitssatzung diktiert, die sie zum direkten Ausschluss jüdischer Vereinsmitglieder zwang. Der FSV Frankfurt hatte keine Wahl, Alfred J. Meyers musste zwangsweise aus dem Verein austreten. Schatzmeister Siegbert Wetterhahn wie auch viele andere Vereinsmitglieder ereilte selbiges Schicksal. Meyers emigrierte in die Vereinigten Staaten von Amerika. Er ließ es sich allerdings nicht nehmen, seinen Fußballsportverein zu verfolgen, den Kontakt zu pflegen und gelegentlich zu Besuch zu kommen. Der FSV ernannte ihn zum Ehrenmitglied und vergab im Jahr 2024 sogar die Ehrenpräsidenten-Würde.

Als Lotte Specht den Fußball verändern wollte

»Was die Männer können, können wir auch«, sagte Lotte Specht und suchte Anfang 1930 mittels Zeitungsannonce junge Frauen, die mit ihr zusammen einen Verein für Frauenfußball gründen wollten. Der Andrang war groß, knapp 40 Frankfurterinnen meldeten sich. Specht gründete 1930 mit 35 anderen Frauen den ersten reinen Frauenfußballverein, den 1. Deutschen Damen Fußballklub, kurz. 1. DDFC. Das sorgte für Aufsehen, in vielerlei Hinsicht. Lotte Specht wurde 1911 in Frankfurt am Main geboren und wuchs im Gallusviertel auf. Die Metzgerstochter war Anhängerin des FSV Frankfurt. Leider kam sie mit ihrer Initiative etwas zu früh. Es mangelte an Gegnern und so spielten sie meist gegen ein Team aus dem eigenen Verein. Auch die Öffentlichkeit machte es den Frauen nicht leicht und überzog sie mit Hohn und Spott.

Einige Eltern verboten ihren Töchtern, die alle zwischen 18 und 20 waren, das Fußballspielen. Zu dieser Zeit war man erst mit 21 volljährig und die Stimme der Eltern hatte folglich starkes Gewicht. Durch die Abgänge schrumpfte der Verein und löste sich nach nur 1,5 Jahren wieder auf. Auch der Deutsche Fußball-Bund verweigerte die Unterstützung. Schlimmer sogar: Im Jahr 1936 gab der DFB mittels Pressemitteilung bekannt, dass »Fußball mit der Würde und dem Wesen der Frau unvereinbar sei.«[6]

Für die mutige Pionierin sollte dies der einzige Versuch bleiben, den Frauenfußball zu etablieren. Denn auch innerhalb der Familie Specht sorgte Lottes Vorpreschen für Ärger. Während die Mutter einverstanden war, so war ihr Vater, Metzgermeister Gottlob Specht, eigentlich eher dagegen. Auch Kunden beschwerten sich regelmäßig in seinem Laden und blieben diesem fern, was wiederum zu einer wirtschaftlichen Schieflage führte. Lotte entdeckte ihr Theatertalent, spielte auf der Bühne und arbeitete für den Magistrat der Stadt Frankfurt. In ihrer Freizeit schaute sie gerne den Fußballern beim Kicken im Stadion zu.

---

[6] aus: »Von peinlichen Prämien und wüsten Beschimpfungen: Die Geschichte des Frauenfußballs in Deutschland« www.nationalgeographic.de/geschichte-und-kultur/2023/08/geschichte-des-frauen-fussballs-deutschland

Und so blieb Lotte Specht immerhin der Besuch am Bornheimer Hang in ihrer Freizeit. Sie war ihrer Zeit (leider) um einiges voraus.

Bornheimer Hang – Heimat des FSV

Deutschlandweit gibt es so viele Fußballstadien. Alte, neue, große Arenen, kleine Stadien, Stadien mit Laufbahn oder Multifunktionsarenen, die sogar den Rasen ausfahren oder automatisiert ihr Dach schließen können. Grob wird zwischen klassischem Fußballstadion mit Laufbahn (zur Ausübung von etwa Leichtathletik) und einem reinen Fußballstadion oder auch Arena, in welcher weitgehend Ballsportarten durchgeführt werden, unterschieden.

Die Spielstätten der deutschen Fußballvereine sind so vielfältig und unterschiedlich wie die Vereine und die Fanszenen selbst. Grundsteinlegung des Stadions am Bornheimer Hang war im Mai 1930. Und trotzdem ist »der Hang« nicht das älteste Stadion Frankfurts. Das Stadion im Frankfurter Stadtwald (Waldstadion) wurde bereits 1925 eröffnet. 17 Monate dauerte der Bau des Stadions am Bornheimer Hang, welches im Oktober 1931 endlich in Betrieb genommen werden konnte. Der Bornheimer Hang war ursprünglich ein Leichtathletik-Stadion mit Laufbahn und in erster Linie Stehrängen. Der FSV zog vom kleineren Stadion an der Seckbacher Landstraße an den Erlenbruch. Das Eröffnungsspiel am

11. Oktober 1931 trug der FSV gegen Germania 94, den ersten und ältesten Fußballvereins Frankfurts, aus und gewann es mit 3:0. Das war vor über 90 Jahren.

Das Stadion am Bornheimer Hang hat im Laufe seiner langen Geschichte einiges erlebt. Zu ersten größeren Veränderungen kam es während des Zweiten Weltkrieges. Im Mai 1944 wurden bei einem Angriff auf die Stadt Frankfurt die Tribüne und das Spielfeld so stark zerstört, dass an eine Weiterführung des Spielbetriebs nicht mehr zu denken war. Dazu kam, dass die meisten Spieler des Fußballsportvereins in den Krieg ziehen mussten, was die Lage zusätzlich erschwerte.

Im August 1953 kam es zur Wiedereröffnung des Stadions. Der geregelte Spielbetrieb konnte endlich wiederaufgenommen werden. Mit dem Neuaufbau kamen auch einige Veränderungen daher: Das Spielfeld wurde völlig erneuert, die Stehterrassen waren ebenfalls neu und die Kapazität damit verdoppelt, die alte Tribüne wurde erneut aufgebaut.

Ab dem 8. Mai 1957 hatte das Stadion des Fußballsportverein endlich Flutlicht. Jedoch sollte das nur ein kurzes Vergnügen bleiben, welches etwas kurios endete. Gegen Ende der Fünfzigerjahre war der FSV Frankfurt in akuten Geldsorgen, die dazu führten, dass der FSV aus der Not heraus seine Flutlichtanlage verkaufen musste. Am 10. August 1960 brannte das Flutlicht zum vorerst letzten Mal, bevor es abgebaut und an seinen neuen Standort gebracht wurde.

Das Stadion selbst hat sich im Laufe der Zeit enorm verändert und das nicht nur optisch und äußerlich. Aus dem Stadion mit Laufbahn und langen Rängen mit Stehplätzen für tausende Zuschauer ist ein kleines Schmuckkästchen geworden, welches mittlerweile für Veranstaltungen jeglicher Art gemietet werden kann. Ob Sommerfeste, Tagungen, Konzerte oder Geburtstagsfeiern ... wenn der Bornheimer Hang sprechen könnte, würde er gewiss einige Geschichten erzählen.

Georg Knöpfle und das Tor zum Titel

Im Herbst 1928 wechselte Georg Knöpfle vom fränkischen Fürth an den Main. Nationalspieler war er zu dieser bereits, hatte er doch seinen ersten Einsatz im Deutschlandtrikot schon am 15. April 1928 beim Spiel Deutschland gegen die Schweiz in Bern. Der erste Nationaleinsatz als Spieler des FSV Frankfurt folgte am 16. September 1928 gegen Dänemark. 19 Länderspiele absolvierte Knöpfle während seiner Zeit beim FSV, insgesamt kam er auf 23 Einsätze.

Doch auch nach seiner Zeit als aktiver Nationalspieler war seine Karriere als Spieler des Fußballsportvereins noch lange nicht vorbei. Im Gegenteil, sie ging erst richtig los. 1933 gewann der FSV nach fünf Jahren endlich wieder die Mainmeisterschaft.
Am 3. Mai desselben Jahres stand der FSV auf dem Rasen des Frankfurter Waldstadions im Endspiel um die

Süddeutsche Meisterschaft. Der Gegner: 1860 München. Bedingt durch extreme Wetterverhältnisse mit Starkregen wäre die Partie beinahe kurzfristig abgesagt worden. Es klarte gerade noch rechtzeitig auf, allerdings blieb der große Zuschauerandrang trotzdem aus und lediglich 15.000 Besucher fanden den Weg ins Stadion. Es sollte jedoch eine spannende Partie werden.

Die Frankfurter mit weitgehend unbekannten Spielern – abgesehen von Georg Knöpfle - hielt gut mit dem Team aus München mit. Lange Zeit passierte nichts. Die Zuschauer rechneten kurz vor Schluss mit einer Verlängerung, als doch noch die Entscheidung fiel. Ein Freistoß des Bornheimers May kam herrlich vor den Kasten der Münchner und Georg Knöpfle musste nur noch seinen Kopf hinhalten. Tor. Zwar versuchte 1860 nun alles, um wenigstens noch in die Verlängerung gehen zu können, doch das Spiel auf diesem komplett nassen, matschigen Rasen war zu kräftezehrend, als dass sie noch in der Lage gewesen wären, das Ruder herumzureißen.

Der Fußballsportverein gewann das Endspiel. Grenzenloser Jubel. Knöpfle war der gefeierte Held und krönte damit seine erfolgreiche Zeit beim FSV, die kurz darauf endete. Anhänger und Familien stürmten den Rasen und trugen ihre Helden über den Platz. Es folgte eine lange Nacht mit ausgiebiger Siegesfeier.

Der FSV war Süddeutscher Meister 1933.

Kapitel 3: 1939 bis 1962

Zwischen Zweitem Weltkrieg und Bundesligagründung

Trotz Kriegsausbruch wurde noch bis 1944 weitergespielt, wenn auch teilweise personell stark geschwächt, da viele Spieler eingezogen wurden. Der FSV trat ab 1941/42 in der Gauliga an. Durch den Krieg wurde das Stadion am Bornheimer Hang stark beschädigt, sodass das Team zwischenzeitlich ausweichen musste. Es sollte bis 1953 dauern, bis alles wiederaufgebaut war. Als neue oberste Spielklasse im Süden gab es ab 1945 die Oberliga Süd. Der FSV gehörte zu den Gründungsmitgliedern und war zunächst erfolgreich. Doch ausgerechnet vor Einführung der Bundesliga stieg der FSV erstmals in seiner Geschichte ab.

Mit Flugzeug zum Pokalfinale

Einer der wichtigsten Männer für den Fußballsportverein in der Zeit während und nach dem Zweiten Weltkrieg war Julius Rosenthal. Nachdem die jüdischen Mitglieder des Vorstands aus dem Verein ausgeschlossen werden mussten, übernahm Rosenthal das Ruder. Er war völlig unbelastet und genau der richtige Mann, um den Vorsitz zu übernehmen. Was er tat, war bisweilen auch mal etwas unkonventionell.

So machte Rosenthal von sich reden, als der FSV Frankfurt ins Pokalfinale einzog. Ja, tatsächlich taucht der FSV in den Fußball-Geschichtsbüchern als Pokalfinalist auf, der zum Endspiel in Berlin antreten durfte. Heutzutage als DFB-Pokal bekannt, hieß selbiger zu

Kriegszeiten Tschammerpokal, benannt nach dem damaligen Reichssportführer Hans von Tschammer und Osten. Nachdem Österreich im Jahr 1938 an das Deutsche Reich angegliedert worden war, durften österreichische Mannschaften am Pokalwettbewerb teilnehmen. Dummerweise war es damals geregelt, dass erst im Viertelfinale vier österreichische Mannschaften hinzukamen, während sich die Mannschaften aus dem sogenannten Altreich zuvor über Monate qualifizieren mussten. Es schien, als sei es gewollt gewesen, dass ein Verein aus der ursprünglichen Heimat des Führers den Pokal gewinnt.

Gegner im Endspiel war der SK Rapid Wien, bereits damals erfolgreich und mit einigen Titeln auf dem Konto. So fuhr der FSV eher als Außenseiter zum Finale. Für den Fußballsportverein, der keine Titel am laufenden Band einfuhr, war das Endspiel eines der absoluten Highlights der Vereinsgeschichte. Nachdem im Halbfinale in Frankfurt der Wiener Sport-Club furios mit 3:2 geschlagen wurde, wollte ganz Frankfurt zum Endspiel fahren und diesen Titel idealerweise auch gewinnen. Sonderzüge sollte es geben, doch der Ansturm war so enorm, dass diese schnell ausgebucht waren. Julius Rosenthal wollte noch mehr Fans die Chance geben, bei diesem Spiel dabei zu sein. Er tat sich mit Gastronomen aus Bornheim zusammen und charterte ein Flugzeug.

Über 3.000 Frankfurter machten sich im Januar 1939 auf den Weg ins entfernte Berlin, um beim Endspiel des FSV Frankfurt gegen Rapid Wien dabei zu sein.

Der große Weltstadtklub gegen den Frankfurter Stadtteilverein. Auf dem Papier war der FSV eher unterlegen.
Auch die Voraussetzungen im Stadion waren nicht gut.
Es hatte geschneit und der gesamte Platz musste zunächst – so gut es eben ging – von einer Kompanie Sol-
daten geräumt und fest gewalzt werden. Heutzutage
hätte man das Spiel vermutlich wegen Unbespielbarkeit
des Platzes abgesagt. Doch es wurde angepfiffen. Kurzfristig einsetzender Regen sorgte dafür, dass mit gut
35.000 Zuschauer nur die Hälfte der erwarteten Besucher zum Spiel kam. Außerdem hatte man noch immer
den Eindruck, dass die Chancen, ein faires Spiel zu sehen, nicht gut standen. Nachdem die österreichischen
Teilnehmer bereits ein Freilos erhalten hatten, wirkte
es, als sei auch der Schiedsrichter nicht so unparteiisch,
wie man es sich gewünscht hatte. Davon ließ sich der
Fußballsportverein allerdings nicht beeindrucken, denn
das Team war seit neun Monaten ungeschlagen.

Mutig und kämpferisch gingen die Männer in die
Partie. Franz Dosedzal schoss den »Underdog« in der
17. Minute in Führung. Der FSV war spielerisch sichtbar
überlegen und hätte zur Pause gut und gerne 2 oder 3:0
in Front liegen können. Es wurde härter auf dem Platz,
Rapid trat einige Male ordentlich zu, was zur Folge
hatte, dass der FSV eine halbe Stunde vor dem Ende seinen Abwehrchef Willi May verlor. Mit zehn Mann und
einigen weiteren angeschlagenen Spielern war der FSV
kaum noch in der Lage, das Ergebnis über die Zeit zu
bringen.

Rapid schaltete einen Gang hoch. Ausgerechnet in der berühmten »Rapid-Viertelstunde« gelangen den Wienern drei Tore und das Spiel war entschieden.

Beim FSV Frankfurt fühlte man sich betrogen. Kurz darauf war in den Vereinsnachrichten zu lesen: »Es war ein traurig-komisches Schauspiel, die durchweg schwer verletzte Mannschaft in diesem schweren Kampf herumhumpeln zu sehen«[7].

Trotz allen Unmuts hatten Spieler, Verantwortliche und Anhänger an diesem Tag alles für den Fußballsportverein gegeben und das Endspiel zum unvergessenen Ereignis in der Vereinshistorie gemacht.

Einmal FSV, immer FSV!

Innerhalb Frankfurts heißt es oft, die Sportgemeinde Eintracht, kurz SGE, sei der ältere Frankfurter Verein, da sie bereits im März 1899 gegründet wurde und nicht »erst« im August, wie der FSV.

Was am 8. März 1899 von Reservespielern der Germania gegründet wurde, war der Frankfurter Fußball-Club Victoria. Etwa zur selben Zeit entstanden auch die »Frankfurter Kickers« sowie der »Frankfurter Fußball-Club von 1899«. Diese beiden fusionierten im Jahr 1900 zum »Frankfurter Fußball-Club 1899 Kickers«. 1908 schloss sich der Frankfurter Hockeyclub an, 1911 sollten

---

7 Vgl. Schock/Hinkel, 1999, S. 58

»Kickers« und »Victoria« zusammengeführt werden und bildeten fortan den »Frankfurter Fußballverein (Kickers-Victoria) von 1911« (kurz: Frankfurter FV). Doch damit nicht genug, gab es 1920 einen weiteren Zusammenschluss. Der Frankfurter FV ging mit dem bereits 1861 gegründeten Frankfurter Turnverein zusammen. Die »Turn- und Sportgemeinde Eintracht von 1861» war geboren und erstmals war der Verein jetzt als Eintracht unterwegs. Auf Druck der Deutschen Turnerschaft wurde der Turnverein allerdings wieder vom Verein abgespalten und so gibt es seit 1927 die Sportgemeinde Eintracht Frankfurt von 1899.

Die Geschichte des Fußballsportvereins ist in einem Satz erzählt: 16 junge Männer, die einst als Fußballklub Nordend zusammen gegen den Ball traten, gründeten im August 1899 einen Verein und meldeten ihn als Fußballsportverein Frankfurt an. An diesem Namen hat sich bis heute nichts geändert.

Zu der Zeit um die Jahrhundertwende zwischen 1899 und 1900 gab es viele »wilde« Vereine. Der FSV war bei Weitem nicht der Erste. Die sogenannte »Urgroßmutter aller Frankfurter Fußballvereine« war der FC Germania von 1894. Fritz Becker, der erste Fußball-Nationalspieler aus Frankfurt, sagte einst »Ohne die Germania keine Victoria, keine Kickers, keine Eintracht und kein FSV!«[8] Der Frankfurter Fußball-Club Germania gilt als die Keimzelle des Frankfurter Fußballs.

---

8 Zitiert nach: 100 Jahre VfL Germania 1894 e.V., 1984, S. 25

Auch wenn der FSV Frankfurt nie fusionieren wollte, so wurde er einmal dazu gezwungen. Besser gesagt, er sollte dazu gezwungen werden, wusste dies aber zu verhindern. Nach dem Zweiten Weltkrieg sollte das gesamte Vereinswesen reformiert werden. Keiner der Vereine sollte und durfte in seiner ursprünglichen Form weiter bestehen. Im Zuge dessen sollten die alten, ursprünglichen Strukturen der Vereine zerschlagen werden, da sie »nur der Nährboden für faschistisch-militaristische Elemente waren«[9].

Ziel war es, die Ausübung des Sports völlig zu reglementieren und den Leuten vorzuschreiben, weswegen und wie sie Sport zu treiben haben. So hieß es in den am 24. Mai 1933 von Reichssportführer Hans von Tschammer und Osten herausgegebenen Leitsätzen zur Neuordnung der deutschen Leibesübungen: »Turn- und Sportverbände sind nicht dazu da, um das persönliche Wohlergehen von Privatleuten zu fördern; die Leibesübungen bilden vielmehr einen wichtigen Teil des Volkslebens und sind ein grundlegender Bestandteil des nationalen Erziehungssystems«.[10]

Ab sofort war nicht nur wichtig, wie die Vereine und das Vereinsleben organisiert sind, sondern es wurde auch geregelt, wer überhaupt daran teilhaben durfte. Es wurde genau ein Sportverband genehmigt und die bestehenden Vereine sollten sich in den 43 neu gegründeten Sportgemeinschaften zusammenfinden.

---

9 Schock/Hinkel, 1999, S. 61
10 Von Tschammer und Osten, 2007, S. 40

Für den Fußballsportverein aus Bornheim war die Eingliederung in die »SG Bornheim« oder die »SG Nord« vorgesehen, doch der FSV wehrte sich mit aller Vehemenz und konnte schon bald wieder unter seinem Namen antreten. Es sollte damit so bleiben, dass der FSV alles »aus eigener Kraft« und ohne jemals fusioniert zu sein geschafft hat.

Aber stimmt es eigentlich wirklich, dass es *keine* Fusion gab? Das darf nämlich angezweifelt werden. Der FSV Frankfurt verkündete einst selbst in seinen Vereinsnachrichten die Fusion mit der Sportvereinigung 1930 Frankfurt sowie die Übernahme der Box- und Leichtathletikabteilungen der Frankfurter Vereine Borussia 1909 und des Frankfurter Turnvereins 1860 in den 1920er Jahren. Fakten, die danach gerne mal vergessen wurden. Die Übernahmen brachten einen enormen Zuwachs an Mitgliedern und damit auch an Geld.

Das erste Nachkriegsspiel

Durch Bombenabwürfe wurde das Stadion am Bornheimer Hang im Zweiten Weltkrieg fast völlig vernichtet. Der ehemalige Rasen diente den Amerikanern als Parkplatz. Und auch an Ausstattung mangelte es, nachdem bei einer Plünderungsaktion nahezu alles entwendet wurde, was an Besitz vorhanden war. Das hielt aber niemanden beim Fußballsportverein davon ab, zwei Monate nach Kriegsende wieder Fußball zu spielen.

Zunächst musste der FSV Frankfurt eine neue Lizenz beantragen. Dadurch, dass sich Julius Rosenthal als neuer Vorsitzender und politisch unbelastete Person dafür einsetzte, war dies eine reine Formalität. So trug der FSV am 8. Juli 1945 das erste Spiel in Frankfurt nach dem Krieg aus. Der Bevölkerung stand der Sinn vermutlich noch wenig nach Fußball. Frankfurt war komplett zerstört, erst langsam wurde mit den Aufbauarbeiten begonnen, Schienen für Straßenbahnen neu verlegt etc. Auch eine deutsche Zeitung in Frankfurt gab es nicht mehr, aber immerhin einen Radiosender.

Der FSV Frankfurt traf auf dem Sportplatz Sandhöfer Wiesen in Frankfurt-Niederrad auf Union Niederrad. Die geschätzt zwischen 3.000 und 4.000 Zuschauer sollten viel Freude an dem von Schiedsrichter Karl Weingärtner geleiteten Spiel haben. Der FSV konnte wieder mit altbekannten Spielern wie Willibald Kress, Heini Schuchardt, Hans Struth und Willi May antreten. Zur Pause lag der FSV mit 4:0 vorn, am Ende stand es 9:1. Ein Lichtblick und eine willkommene Ablenkung nach all den Strapazen, die der Krieg mit sich gebracht hatte.

Bis wieder regulär am Bornheimer Hang gespielt werden konnte, sollte noch einige Zeit vergehen. Zwischen November 1945 und März 1946 trug der FSV seine Spiele auf dem Platz an der Roseggerstrasse aus. Die fehlende Heimatmosphäre machte den schwarzblauen Kickern allerdings merklich zu schaffen. Nach zähen Verhandlungen mit den Besatzungsmächten wurde der Bornheimer Hang endlich freigegeben und konnte ab dem 10. März 1946 wieder genutzt werden. Zumindest theoretisch, denn praktisch waren Platz und Tribünen in ziemlich desolatem Zustand. Auch der Rasen hatte nicht viel mit dem einst satten Grün zu tun. Es existieren Bilder aus der Saison 1945/1946, worauf Duelle im Matsch zu sehen sind. Und dieser Schlammacker sollte einige Jahre vorhalten.

Und es gab eine weitere Widrigkeit: Bis die sanitären Anlagen einigermaßen wiederhergestellt und wieder benutzbar waren, mussten sich die Mannschaften mit dem nicht gerade nebenan gelegenen Merianbad zufriedengeben. Kleine Sorgen, in Vergleich zu dem, was die Menschen in den Kriegsjahren alles durchgestanden hatten.

Herrmann, der Held von Bern

»In ein paar Jahren werden Männer wie er nur noch im Lesebuch vorkommen«[11] so schrieb Ludwig Dotzert im Nachruf im »Neuen Sport« über Richard Herrmann. Kaum ein Spieler des Fußballsportvereins war so bescheiden wie der Weltmeister von 1954. Worauf genau diese Aussage Dotzerts anspielt, ist leider nicht überliefert. Aber dass Richard Herrmann ein sympathischer, vereinstreuer Mann war, daran besteht kein Zweifel.

---

11 Stenger, 1979, S. 52

Eher zufällig kam der gebürtige Oberschlesier (1923 in Kattowitz, heutiges Polen) nach Frankfurt und zum FSV. Das junge Talent war FSV-Gönner Alfred Ludwig aufgefallen, der dafür sorgte, dass Herrmann gemeinsam mit Werner Blechschmidt nach ihrer Freilassung aus der Kriegsgefangenschaft im Jahr 1947 nach Frankfurt ging. Ein Transfer, der sich als Glücksfall herausstellen sollte.

Zuvor hatte Herrmann von 1934 bis 1945 (ab 1943 in Gefangenschaft) beim 1. FC Kattowitz gespielt. Zu Herrmanns Stärken zählte eindeutig das Laufen. Vermutlich wäre er auch als Sprinter in der Leichtathletik sehr erfolgreich geworden. Er war durch und durch Sportler, rauchte und trank nicht und bewegte sich rennend oder auf einem Fahrrad. »Er war mit dem Ball schneller, als die meisten ohne«, so sein Sohn Horst in einem Interview mit der Frankfurter Allgemeinen Zeitung anlässlich des 50-jährigen Jubiläums des »Wunders von Bern«.

Neben dem enormen Laufvermögen und einer ausgezeichneten Ballführung verfügte er außerdem über eine seltene Schusskraft und Zielsicherheit. Stärken, die dem Spiel des FSV Frankfurt in der Oberliga zugutekamen. So erzielte Herrmann in 320 Spielen für den FSV 100 Tore. Dies beschert ihm Rang 20 in der ewigen Oberliga-Süd-Torschützenliste sowie Platz 13 bei der Anzahl der absolvierten Spiele. Dank der Tore von Herrmann gab der FSV in den Jahren zwischen 1947 und

1951 den Ton in der Oberliga an und landete Jahr für Jahr in der Tabelle vor der Eintracht.

Durch diese Leistung wurde auch der Verband auf ihn aufmerksam und so bestritt Herrmann 1950 sein erstes Länderspiel. Am Ende sollten acht Spiele und ein Tor auf seinem Konto stehen. Zwei Jahre vor der Weltmeisterschaft 1954 buhlte der AC Turin um die Gunst des mittlerweile fast 30-jährigen Talents. Berichten zufolge sollen die Italiener Herrmann, der laut einem Gehaltszettel von Mai 1952 (für damalige Verhältnisse stolze) 339,05 Mark verdiente, ein Handgeld von 60.000 Mark geboten haben. Herrmann, der erst Ende der Vierzigerjahre eine Familie gegründet und ein kleines Kind hatte, lehnte ab und blieb dem FSV treu.

Da er nebenher bei seiner Schwiegermutter in einem Zigarrenladen mit Toto-Annahmestelle in Bornheim arbeitete, sorgte der FSV dafür, dass er sein eigenes Geschäft bekommt. Tabakwaren Herrmann war jahrzehntelang eine bekannte Adresse auf der Berger Straße in Bornheim und ein Zeichen dafür, welche Art Mensch Richard Herrmann war. Greifbar, nah an den Menschen. Der Laden, der zuletzt von den Söhnen Rolf und Horst geführt wurde, wurde 2021 verkauft.

Auch der FSV Frankfurt hat es seinem Idol, das zu früh und nach schwerer Krankheit mit nur 39 Jahren verstorben ist, gedankt. Herrmann ist Ehrenspielführer des FSV Frankfurt. Außerdem wurde der Vorplatz des Stadions am Bornheimer Hang nach ihm benannt. Einer der ganz Großen beim Fußballsportverein.

Kress – mit 43 nicht zu alt fürs Tor

Zu den bekanntesten und erfolgreichsten Spielern des Fußballsportvereins zählt zweifelsohne Willibald Kress. Insgesamt 27 Jahre war er bei verschiedenen Vereinen in den höchsten Spielklassen aktiv. Eine beachtliche Zeitspanne. Zu seinen Zeiten bei Rot-Weiß Frankfurt nahm sein Verein gar eine Klausel in die Verträge für Freundschaftsspiele auf, welche besagte, dass Rot-Weiß zusichere, dass der damalige Nationaltorhüter Kress auf dem Platz stehen werde. Als Kress einmal doch aufgrund einer Erkrankung ausfiel, wurde prompt eine Strafzahlung fällig. In der Folge wurde Kress als Berufsspieler angemeldet und daraufhin erst einmal für ein Jahr gesperrt. Allerdings nur in Deutschland, weswegen er seine Karriere in Frankreich fortsetzte.

Dabei war es eher Zufall, dass es nach dem Zweiten Weltkrieg überhaupt für Kress sportlich weiterging. Nach 5,5 Jahren Militärdienst und in körperlich schlechter Verfassung, wollte Kress eigentlich die Fußballschuhe an den Nagel hängen. Doch auch der Fußballsportverein hatte mit den Folgen des Krieges zu kämpfen. Nur wenige Spieler waren unversehrt aus dem Krieg zurückgekommen. Torwart Wolf war gefallen und Ersatzmann Kricke verstarb in russischer Gefangenschaft und kehrte ebenfalls nicht zurück. Und so fragte man bei Kress, ob er nicht ins Tor der Schwarzblauen gehen möchte. Kress – ganz gentlemanlike – wollte keinem jungen Kollegen den Platz streitig machen, aber der FSV hatte keine Alternative.

Wirklich nötig hatte es der gebürtige Frankfurter nicht mehr. Seine Karriere war früh in Gang gekommen. Bereits mit 15 Jahren galt er technisch als fertig und gab sein Debüt als Spieler der Bockenheimer Germania ausgerechnet auf dem Platz an der Seckbacher Landstraße – dem ehemaligen Platz des FSV Frankfurt. Stadtauswahl, Süddeutsche Auswahl und ab 1929 auch die Auswahl des DFB, also die Nationalmannschaft. Der »schöne Willi« zählte schnell zu den besten Torhütern zwischen den beiden Weltkriegen. In den Jahren 1929 bis 1934 absolvierte er 16 Länderspiele mit Deutschland und war Torhüter bei der WM 1934 in Italien. Der Torhüter der zweiten Weltmeisterschaft, der ersten, die in Europa ausgetragen wurde und auch der ersten, an welcher Deutschland teilgenommen hatte.

Als Kress sich dazu entschied, das Trikot wieder überzustreifen und erstmals als Spieler des FSV aufzulaufen, war er bereits 39 Jahre alt. Für ihn war es »eine Verpflichtung«[12] und irgendwie auch eine echte Herzensangelegenheit, einem Verein aus seiner Frankfurter Heimat auszuhelfen. Mit ihm sollte der FSV zurück in die Spur finden. Als 1945 die neue Oberliga als höchste Spielklasse im Süden gegründet wurde, waren der FSV und Willibald Kress dabei. Bis zu seinem 43. Lebensjahr hütete Kress das Tor des Fußballsportvereins und hatte

---

12 Seeger, 1989, S.118

dabei maßgeblichen Anteil daran, dass der FSV zu alter Vorkriegsstärke zurückfand.

Auch nach seiner Karriere als Spieler ließ er den FSV nicht im Stich. Kress war bereits seit einiger Zeit als Spielertrainer im Einsatz und widmete sich dem Trainerlehrgang. 1949 war er erster Verbandstrainer des hessischen Fußballverbands. Selbstredend war die erste echte Trainerstation von Kress der FSV Frankfurt. Zwischen September 1952 und dem Saisonende 1955/1956 saß er auf der Trainerbank in der Oberliga, ehe er weiterzog und 1989 letztendlich verstarb. Beim FSV wird Willibald Kress auf ewig unvergessen sein.

Als der DFB ein Testspiel untersagte

1958 tickten die Uhren noch ein wenig anders. Es war nicht üblich, Testspiele mit Vereinen anderer Länder zu verabreden und schon gar nicht, dies eigenmächtig zu tun. Dennoch hatte die Sowjetunion den FSV Frankfurt als ersten deutschen Verein eingeladen, zu einem Testspiel anzureisen. Zuvor hatte man bereits eine Weile per Brief kommuniziert, als schlussendlich die Einladung ausgesprochen wurde. Die Reise sollte unter anderem nach Moskau und Kiew gehen und es war angedacht, dass im Gegenzug einer der dortigen Top-Vereine auch mal am Bornheimer Hang spielen würde. Man kann nur erahnen, wie viele Zuschauer und wie viel Einnahmen der FSV hätte erzielen können, wenn beispielsweise Spartak Moskau angereist wäre.

Die Reise war geplant, die Genehmigung des Deutschen Fußball-Bundes reine Formalität. So dachte man zumindest. Da seinerzeit keine einfache politische Lage vorherrschte, verweigerte der DFB die Zusage. Grund hierfür unter anderem, dass in der Sowjetunion Deutsche festgehalten wurden.

Am 3. Mai 1958 war es so weit. In einem Reisebericht von Georg Wiese mit Erzählungen von Berthold Buchenau erzählen Journalist und Kicker von diesem Erlebnis. Statt der ursprünglich geplanten 25 Personen durften lediglich 22 Mann anreisen. Das tat der Vorfreude allerdings keinen Abbruch. So ging es Anfang Mai los, erstes Ziel war Moskau. Mit dem Flugzeug von Frankfurt nach Berlin und von dort aus ging es mit dem Zug weiter. Fast zwei Tage dauerte die Anreise – erst am Sonntag, dem 5. Mai um 15 Uhr kam die Gruppe endlich an.

Das erste Spiel war für den 7. Mai geplant. Das Duell war bereits Tage vorher ausverkauft, 40.000 Zuschauer wollten es sich ansehen. Abends um 18:30 Uhr, als es endlich losging, waren noch immer über 30 Grad. Erster Gegner war die Auswahlmannschaft der Moldau-Republik. Trotz mehreren vielversprechenden Chancen auf beiden Seiten ging das Spiel 0:0 aus.

Sechs Tage später fand das zweite Spiel statt. Auch gegen den CSK erwartete den FSV ein ausverkauftes Stadion. 50.000 Fans wollten sich das nicht entgehen lassen. Der Fußballsportverein erzielte nach wenigen Minuten die Führung, doch die Freude hielt nicht lange, denn bereits in der 10. Minute gelang CSK der Ausgleichstreffer. Zunächst blieb es so und mit dem Unentschieden ging es in die Pause. In der zweiten Halbzeit musste der FSV doppelt einstecken. Erst verletzte sich Werner Niebel durch sehr hartes Einsteigen eines Gegenspielers und musste ausgewechselt werden und dann kassierte der FSV in der 62. Minute das Tor zum 2:1 durch einen eher zweifelhaften Elfmeter. Bei dem Ergebnis sollte es bleiben.

Das dritte Spiel fand in Kiew statt. Diesmal waren gar 60.000 Zuschauer vor Ort. Der FSV tat sich mit dem vorherrschenden schwülen Wetter sichtlich schwer, weswegen das Spiel auf 17 Uhr gelegt wurde. Auch diesmal unterlag der FSV. 2:0 hieß es am Ende. Der FSV hatte sich dennoch überzeugend verkauft und durfte viel Beifall genießen. Einige Tage später ging es zurück in die 12.000 Kilometer entfernte Heimat. FSV-Kicker Berthold Buchenau berichtete von einer tollen Reise, herzlichen Menschen und einer hervorragenden Betreuung.

Der FSV ist Weltmeister!

Der Wechsel zum FSV Frankfurt kam für ihn genau zur richtigen Zeit. Bereits 1958 zeichnete sich ab, dass Armin Hary etwas ganz Großes gelingen würde. Der

Leichtathlet aus dem Saarland war 1957 wie aus dem Nichts aufgetaucht, doch schnell wurde klar, dass niemand auf ihn gewartet hatte. Leichtathletik war eher der Sport der Akademikerkinder, die in der Regel auch selbst studieren. Hary stammte aus einer bürgerlichen Familie und war Feinmechaniker. Zunächst war Hary Fußballer, wechselte erst spät mit 16 Jahren zur Leichtathletik. Seine Eltern waren wenig begeistert davon, doch der Erfolg gab ihm recht. 1957 wechselte er den Verein und die Disziplin. Fortan war er Sprinter bei Bayer Leverkusen und sicherte sich bereits im selben Jahr den Vize-Titel.

Zu dieser Zeit war Manfred Germar das Maß aller Dinge. Ihn zu schlagen, das durfte nicht sein. Mit einigen Widrigkeiten hatte sich Hary herumzuschlagen, als wolle man ihn stets sabotieren. Als er im September 1958 erstmals die 10,0 auf 100 Meter lief, wurde dies nicht anerkannt. Angeblich habe seine Laufbahn ein um ein Prozent zu großes Gefälle, elf statt der erlaubten zehn Prozent. Der Weltrekord wurde ihm verwehrt.

Im selben Jahr wurde er wegen einer angeblich fehlerhaften Spesenabrechnung vom Verband für einige Monate gesperrt. Es schien, als wolle man ihn als Athleten einfach nicht. Trotzdem wurde er 1958 Europameister, gewann den 100-Meter-Lauf sowie die Staffel. In seiner Königsdisziplin wurde Germar von Hary geschlagen. Das grenzte an Majestätsbeleidigung.

Beim Leichtathletik-Meeting in Zürich im Juni 1960 gelang ihm endlich ganz offiziell der Rekordlauf in

10,0 Sekunden. Doch auch diesmal wurde die Leistung zunächst angezweifelt. Einen Fehlstart unterstellte man Hary. Ganze dreimal musste er laufen, damit die Weltrekordzeit endlich anerkannt wurde. Armin Hary war weltweit der erste Läufer, der die 100 Meter in 10,0 Sekunden schaffte.

Kurze Zeit später trat Hary bei den Olympischen Sommerspielen in Rom an. Und wie gewohnt lief auch hier nicht alles glatt. Drei Fehlstarts, bis der Lauf gewertet werden konnte. Aber der saß: 10,2 Sekunden, bester Wert. Das bedeutete für ihn die erste deutsche Goldmedaille nach fast 30 Jahren. Auch die Staffel um Hary war erfolgreich, allerdings erst im Nachhinein. Zwar liefen die Amerikaner als Erstes durchs Ziel, wurden allerdings eine Viertelstunde später aufgrund eines falschen Wechsels disqualifiziert. Armin Hary holte in seiner nur knapp vierjährigen Karriere einige Titel, darunter die Europameisterschaft, olympisches Gold, die Deutsche Meisterschaft sowie den Weltrekord im 100-Meter-Lauf. Später wurde er erneut ausgezeichnet: Saarlands Sportler des Jahrhunderts, Deutschlands Läufer des Jahrhunderts sowie mit dem Bundesverdienstkreuz.

Abstieg zur Unzeit

In den Fünfzigerjahren war der FSV sportlich erfolgreich, wenn auch ohne den Gewinn großer Titel. Es waren Zeiten, in denen der FSV mit Eintracht Frankfurt auf Augenhöhe war und in denen Derbys noch echte Derbys waren. Vermutlich hatte der Fußballsportverein auf einen Platz in der neuen Bundesliga spekuliert, doch dummerweise kam ein unglücklicher Abstieg im Jahr davor dazwischen. Seit 1902 hatte der FSV immer in der höchsten Spielklasse gespielt und ausgerechnet, als es darauf ankam, stieg er ab.

Aufgrund der erfolgreichen Vorjahre in der Oberliga Süd (der damaligen höchsten Spielklasse) wäre es gar im Rahmen des Möglichen gewesen, dass der FSV in der Bundesliga dabei ist, wenngleich es unterschiedliche Aussagen darüber gibt, wie die Teilnehmer ausgewählt wurden.

Zunächst wurden einige allgemeine Bestimmungen und Anforderungen bekannt, wie beispielsweise die Größe des Stadions (Platz für mindestens 35.000 Zuschauer), eine vorhandene Flutlichtanlage (bzw. die Aussicht darauf, zeitnah eine zu erhalten) und idealerweise Einnahmen von jährlich um die 700.000 Mark, um überhaupt existenzfähig zu sein. Der Fußballbund gab zudem bekannt, dass die neue Liga 16 Teilnehmer haben solle, jeweils fünf Vereine aus dem Süden und Westen, drei aus dem Norden, zwei aus dem Südwesten sowie ein Berliner Verein. Die Vergabe der Plätze führte zu Unmut; sie erschien undurchschaubar und willkürlich. So wurde der 1. FC Saarbrücken dem 1. FC Kaiserslautern vorgezogen, weil Saarbrücken als Stadt größer war und zudem die bessere Autobahnanbindung hatte. Später sollte sich herausstellen, dass es eine Art

Punktesystem für die Vergabe gab. Für die Platzierungen in der Oberliga in den vergangenen elf Jahren gab es Punkte, zudem gab es für das Erreichen der Endrunde bzw. des Pokalfinales Zusatzpunkte. An dieses System gehalten habe man sich jedoch nicht, wie sich später herausstellen sollte.

All das tangierte den FSV allerdings nicht mehr. Wer weiß, wie die Geschichte des FSV sich entwickelt hätte, wenn er 1962 nicht abgestiegen und die Chance erhalten hätte, Teil der Bundesliga zu werden. Noch heute sind Fußballfans die Gründungsmitglieder bekannt. Gleich ob der Verein im ersten Jahr abstieg, wie der 1. FC Saarbrücken, oder ob der Verein die erste deutsche Meisterschaft einfuhr, wie der 1. FC Köln, sie werden immer Teil der Bundesligagründung und damit der Geschichte sein.

Für den Fußballsportverein lief die Saison 1962/63 recht gut, deutlich besser als erwartet. Nach einigen Startschwierigkeiten rutschte der FSV ein wenig ab, musste im Winter ein Tief durchleben und legte einen bemerkenswerten Endspurt hin. Kurz vor Saisonende fand man sich an der Tabellenspitze wieder. Dabei sollte es auch bleiben, am vorletzten Spieltag macht der FSV die Meisterschaft klar und so gelang nach einem Jahr in der 2. Liga Süd die erste Meisterschaft seit 30 Jahren und der direkte Wiederaufstieg. Durch die Einführung der Bundesliga gab es die Oberliga als höchste Spielklasse allerdings nicht mehr. Als Unterbau der Bundesliga wurde die neue Regionalliga eingeführt (im Ganzen gab es fünf Regionalligen) und so war der Aufstieg genau genommen gar kein echter Aufstieg.

Der Gewinn der Meisterschaft in der 2. Liga Süd war von außen betrachtet relativ bedeutungslos. Für den FSV war sie nach so langer Zeit dennoch etwas ganz Besonderes. Doch nicht nur der Aufstieg war ein großer Erfolg für den FSV Frankfurt in dieser Saison. Er stellte einen Zuschauerrekord nach dem anderen auf, zuhause wie auswärts. Mit insgesamt 87.500 Zuschauern hatte der FSV die meisten Zuschauer der gesamten Saison. Außerdem stellte er die fairste Mannschaft, verschuldete über die Saison hin nur einen einzigen Strafstoß (durch Handspiel). In der Saison 1962/63 war der FSV zuhause ungeschlagen, bei 14 Siegen und drei Unentschieden. Auswärts sah die Bilanz nicht ganz so gut aus wie am heimischen Hang: fünf Siege, vier Unentschieden und acht Niederlagen.

Steigende Zuschauerzahlen und Einnahmen sowie sportlicher Erfolg veranlassten den FSV dazu, etwas zurückzugeben und als erster Verein im Bundesgebiet den dauerhaft kostenlosen Eintritt für die Ehefrauen der Mitglieder einzuführen. Erst kurz zuvor wurde beschlossen, dass künftig Eintrittsgeld von Mitgliedern kassiert werde. Bis dahin mussten nur Nicht-Mitglieder Karten kaufen. Lediglich Dauerkarten mussten von Mitgliedern wie auch Nicht-Mitgliedern bezahlt werden, wenn auch für Mitglieder ein Preisvorteil bestand.

Ab November 1962 lag das Eintrittsgeld für Mitglieder bei 1 DM, Schüler und Jugendliche bis 18 Jahren zahlten 50 Pfennig. Dadurch, dass der FSV nun für seine Vertragsspieler Sozialversicherungsabgaben abführen musste, blieb ihm nichts Anderes übrig, wenn er sich nicht in eine Verschuldung manövrieren wollte. Durch das Angebot, die Frauen kostenlos hineinzulassen, wurde es wenigstens für die Mitglieder nur zu einem kleinen und erträglichen Unkostenbeitrag.

Kapitel 4: 1962 bis 1982

(Nicht-) Rivalitäten und Vereinserfolge

Der Abstieg und das Nichterreichen der Bundesliga hatten einen faden Beigeschmack. Schließlich hatte Stadtnachbar Eintracht dies geschafft. Nach einigen schwierigen Jahren wurde der FSV zur Fahrstuhlmannschaft. Abstieg, direkter Wiederaufstieg, Abstieg, direkter Wiederaufstieg. Ab 1970/71 hielt sich der FSV erst einmal in der Amateurliga Hessen und konnte 1972 sogar die Deutsche Amateurmeisterschaft gewinnen. Zwischen 1975 und 1983 gelang es dem FSV, in sieben von acht Spielzeiten in der 2. Liga Süd zu bestehen.

Der Bornheimer Geist

Es ist ungeklärt, wann und wo diese Begrifflichkeit im Kontext des FSV Frankfurt erstmals auftauchte. Ein ehemaliger Frankfurter Sportjournalist schrieb einst »Ein seltsames Ding, dieser Bornheimer Geist. Manchmal scheint es, als hätte ihn ein hurtiger Kritiker erfunden, um sich die Arbeit zu erleichtern. Dann fühlt man ihn fast zum Greifen nahe. Definieren wird dieses Ding auch in den nächsten Jahren kein Sterblicher. Als Mann, der auf Reisen bisweilen zwischen den Braven des FSV sitzt, weiß ich nur das eine: mit den >Kohlen< hat dieser Geist nicht das Geringste zu tun. Etwas so Einzigartiges kann man gar nicht kaufen. Man kann allenfalls von ihm ausgewählt werden.«[13]

---

13 Skretny, 2001, S. 52 f.

Die Spieler lebten den Bornheimer Geist auf und neben dem Platz. Grundtugenden wie Kampfgeist, Einsatz und Vereinstreue waren wichtiger als spielerische Eleganz und hochgestochene Spielkultur. Tugenden, die nicht nur den Kickern des Fußballsportvereins in Mark und Blut übergingen, sondern auch in der Gesellschaft alltäglich waren. Die Anhänger des FSV bzw. die Bornheimer an sich waren eher »kleine Leute«, eine Mischung aus Arbeiterschaft und Angestellten, kleinen Gewerbetreibenden und Landwirten.

Nicht nur in den erfolgreichen Jahrzehnten zwischen 1920 und 1940 lebte der Bornheimer Geist, wenn auch zu dieser Zeit ganz besonders. Auch später gab es immer mal wieder Menschen rund um den FSV, die den Bornheimer Geist verkörperten. Dazu zählte der Spieler Rolf Stracke. Er plante am 14. September 1962 zu heiraten, nur einen Tag vor einem wichtigen Meisterschaftsspiel gegen Ingolstadt. Es war zu befürchten, dass diese Hochzeitsfeier ausarten könne und er beim Spiel nicht fit und einsatzfähig wäre. Wer würde denn seine Hochzeit feiern und es bei einem Glas Sekt belassen? Doch wer wirklich befürchtet hatte, der Spieler würde nur an sich und sein Vergnügen denken, kannte Stracke nicht besonders gut. Er war am Sonntag fit. Und wie fit er war. Er machte an diesem Spieltag eines seiner besten Spiele für den FSV Frankfurt. Auf dem Platz einer der Besten gelang ihm sogar noch das Siegtor per Elfmeter, 2:1-Sieg, nach 0:1-Rückstand. Ein absolutes Vorbild, sportlich wie auch kameradschaftlich.

Aus dieser Zeit können einige Personen aus dem Umfeld des Fußballsportvereins positiv hervorgehoben werden. So auch Werner Thorhauer. Er war Mitte der Sechzigerjahre Spielführer der Reserve-Mannschaft des FSV und auch Teil der 1. Mannschaft. Thorhauer stand in allen Partien in der 1. und 2. Mannschaft auf dem Platz. Sein Einsatz und Trainingsfleiß waren beispielhaft und er war damit ein großes Vorbild bei Jugendspielern und im gesamten Verein. Nachvollziehbar, dass Thorhauer Mitte der Achtzigerjahre ins Präsidium des FSV Frankfurt gewählt wurde. Sein Aufgabenbereich war ab sofort ein anderer, allerdings tat er weiterhin alles, um dem FSV zu helfen. So wurde ein »Arbeitsausschuss Fußball« ins Leben gerufen. Dies war nichts anderes als ein Vorläufer der heutigen ehrenamtlichen Helfer. Er suchte ganz offiziell über das Stadionmagazin Mitglieder und Freunde des Vereins, die beispielsweise bei der Beschaffung von Sponsoren, Anwerbung von Mitgliedern oder dabei, Werbung für den Verein zu machen, helfen würden.

Und zu guter Letzt muss auch eine Frau an dieser Stelle erwähnt werden: Ruth Döhler. Ruth war der Inbegriff der guten Seele eines Vereins. 45 Jahre lang war sie Mitglied des FSV Frankfurt, seit frühster Kindheit hatte sie sich die Spiele angeschaut. Ihr Wunsch war es, irgendwann mal bei einem Spiel des FSV Frankfurt zu sterben. Und das sollte tatsächlich so kommen: Im Alter von 89 Jahren starb sie beim Heimspiel des FSV gegen die SpVgg Unterhaching im Oktober 2007.

Elfmetertöter Karl-Heinz Leichum

Karl-Heinz Leichum kam bereits im zarten Alter von zehn Jahren zum FSV. Mit der Schülerelf wurde er Kreis- und Hessenmeister und spielte sogar in der Frankfurter Schülerauswahl. Bei den Profis des Fußballsportvereins hatte er mit Günter Klemm und Willi Rado zu dieser Zeit allerdings zwei starke Torhüter vor sich und zog es vor, erst einmal den Verein zu wechseln.

So führte ihn sein Weg zur SG Kelkheim. In Kelkheim machte sich Leichum schnell einen Namen als »Elfmetertöter«. In der Saison 1954/55 hielt er sagenhafte acht von neun Strafstößen. Als Klemm zum 1. FC Köln wechselte, lockte Trainer (und ehemaliger FSV-Keeper) Willibald Kress Leichum zurück zu den Schwarzblauen. Leichum überzeugte mit Leistung, konnte Rado verdrängen und war letztendlich knapp zehn Jahre Stammtorwart des FSV Frankfurt. Zu den Highlights seiner FSV-Karriere zählten dabei die Russland-Reise im Jahr 1958, als der FSV Spiele gegen zahlreiche namhafte Gegner austrug sowie die Meisterschaft der 2. Liga Süd in der Saison 1962/63.

Talentiert war Leichum allerdings nicht nur als Torwart und als Elfmeterkiller. Er durfte bei einem FSV-Spiel sogar seine Fähigkeiten als Zimmermann unter Beweis stellen. Nun ging es für den Fußballsportverein am 4. November 1962 gegen den VfL 1907 Neustadt/Coburg. Beim Stand von 2:1 für den FSV brach das Tor der Neustädter bei einer Abwehraktion des

Torwarts zusammen. Schiedsrichter Kurt Handwerker aus Ketsch unterbrach das Spiel und schickte beide Teams zunächst in die Kabine. Während der Unterbrechung versuchten Platzwart Paul Schröder und FSV-Torwart Karl-Heinz Leichum eine ganz pragmatische Lösung und zimmerten das Tor einfach wieder zusammen. Ein schnell herbei gebrachter Torpfosten wurde fachmännisch eingearbeitet und das Spiel konnte nach nur 20 Minuten bereits weitergehen. Der Konzentration tat dies keinen Abbruch, der Spielstand blieb bestehen, der FSV gewann diese Partie und wurde am Ende mit vier Punkten Vorsprung und zuhause ungeschlagen Meister der 2. Liga und stieg in die Regionalliga Süd, damals die zweithöchste Liga nach der neu gegründeten Bundesliga, auf.

Während seiner langen Karriere schaffte es Leichum, sich immer wieder die gleiche Verletzung zuzuziehen. Insgesamt zwölfmal kugelte er sich den Arm aus. Eine recht schmerzhafte Blessur, die ihn 1965 dazu bewog, seine aktive Karriere zu beenden. Insgesamt 300 Spiele hatte er bis dahin absolviert, mit seinen Spielen in der FSV-Jugend waren es gar über 600. Damit zählt Leichum zu den Dauerbrennern im Trikot des FSV Frankfurt.

Mitgliederwerbung einmal anders

»Der Zweck heiligt die Mittel«, sagt man so schön und so war es in den Fünfzigerjahren völlig normal, dass Mitglieder gelockt wurden. Besondere Anreize schuf man aufseiten des FSV Frankfurt, in dem man das Werben von Mitgliedern als Wettbewerb mit Gewinnspiel gestaltete. Bei den Preisen ließ sich der Fußballsportverein nicht lumpen, es sollte so richtig etwas geboten werden.

Der regulär erhobene Aufnahmebeitrag entfiel während dieser Werbeaktion. Dafür gab es für bestehende Vereinsmitglieder, die neue Mitglieder warben, einiges an Preisen zu gewinnen. Die zehn Mitglieder, die für die meisten Neuanmeldungen sorgten, wurden mit einer Fahrt zu einem Auswärtsspiel zum FC Bayern München belohnt. Außerdem gehörten Fahrten zum Spiel nach Fürth sowie Tribünenkarten gegen 1860 München zu den ausgeschriebenen Preisen.

Diese Anreize gab es öfter, auch viele Jahre später noch. Im Jahr 1962 versuchte der FSV erneut, seine Mitglieder zum Werben neuer Anhänge zu animieren. Acht Tage nach Österreich oder Oberbayern, sieben Tage in den Schwarzwald oder eine dreitägige Busreise nach Paris. Der FSV nahm einiges an Geld in die Hand, um die Anzahl seiner Vereinsmitglieder zu erhöhen. Mindestens zwanzig neue Mitglieder musste man werben, um einen der drei Hauptpreise gewinnen zu können.

Doch diese Preise sollten lediglich als Anerkennung gelten, echte FSV-Mitglieder würden dem FSV auch ohne diese Preise dabei helfen, den Verein noch größer, stärker und zukunftssicher zu machen. Über ganze drei Seiten des insgesamt kaum 30 Seiten umfassende Vereinsheft ging die Werbung um neue Mitglieder. »Komm zu uns in den FSV« lautete das Motto. Das erklärte Ziel der Verantwortlichen waren eintausend neue Mitglieder, die während der Werbeaktion vom 1. Dezember 1962 bis 31. März 1963 gewonnen werden sollten. Wirklich nötig war dies allerdings nicht, so hatte der FSV doch bereits eine stattliche Anzahl an Mitgliedern. Über 2.000 aktive Mitglieder (verteilt auf Sportarten wie Fußball, Boxen, Leichtathletik, Hockey etc.) und eine Reihe passiver Mitglieder.

Gute 20 Jahre später gab es zwar immer noch etwas für Werber und Neu-Mitglieder, allerdings gab der FSV dafür weniger aus. Jedes neue Mitglied sowie jeder, der ein Neu-Mitglied geworben hatte, bekam automatisch eine Tribünenkarte für das nächste Heimspiel. Es wurde zudem mit der Zusendung des Magazins FSV-Kurier geworben.

Mittlerweile hat der Fußballsportverein die lebenslange Mitgliedschaft eingeführt. Seit dem 13. Mai 2017 bietet der FSV den lebenslangen Bund mit seinen Fans an, zum Preis von 1.899 Euro, entsprechend dem Gründungsjahr. Zu Beginn des Jahres 2018 hat das Präsidium den bestehenden Mitgliedsbeitrag angepasst und reduziert. Von vormals 150 Euro im Jahr auf 120 Euro.

Außerdem wurde, wie bereits ein Jahr zuvor auf einer außerordentlichen Mitgliederversammlung beschlossen, eine Fan- und Förderabteilung gegründet. Diese sieht sich nicht als passive, sondern aktive Abteilung an. Zwar muss man nicht selbst auf dem Platz stehen, sich allerdings aktiv engagieren und seinen Teil dazu beitragen, den FSV bekannter zu machen und voranzubringen. Deswegen ist der Mitgliedsbeitrag etwas geringer als bei einer regulären Mitgliedschaft, jedoch gibt es hier einen eindeutigen Auftrag und Erwartungen, die der Fußballsportverein an diese Mitglieder stellt. Eben ein echtes Geben und Nehmen.

Derbys sicherten das finanzielle Überleben

Mitte der Sechzigerjahre stand der Fußballsportverein vor finanziellen Schwierigkeiten. Zu viel Geld war zuvor in Spieler investiert worden, zu viele falsche Wege wurden eingeschlagen. Zu Beginn der Saison 1965/66 war klar, dass die Einnahmen drastisch gesteigert werden müssen.

Der amtierende Präsident Böllinghaus kam zu dem Schluss »wir brauchen mehr Geld, also müssen wir mehr Zuschauer anlocken. Dazu muss die Mannschaft attraktiv sein und deshalb brauchen wir teure, neue Spieler.«[14] Bei bereits bestehenden finanziellen

---

14 FSV-Kurier, 9/10 1962, S. 5

Schwierigkeiten vielleicht nicht der beste Ansatz. Und so sicherte sich der FSV kurz darauf die Dienste einiger gestandener und entsprechend nicht günstiger Regionalligaspieler, mit denen der Aufstieg in die Bundesliga realisiert werden sollte. Sollte! Vier Spieltage und drei Niederlagen später war klar, dass das eventuell doch nicht klappen könnte. Der FSV befand sich mitten im Abstiegsstrudel, konnte sich aber immerhin noch so weit retten, sodass am Ende die Klasse gehalten wurde.

Für die Folgesaison wollte man das besser machen und günstigere Spieler verpflichten. Das war auch angebracht, mit bereits 165.000 Mark Schulden. Es gab diverse Lösungsansätze, die allesamt aber eher die Verzweiflung des Fußballsportvereins zeigten, als dass sie wirklich als Methode zur Rettung infrage gekommen wären: Rückzug in die Amateuroberliga Hessen oder die Spiele des FSV als Vorspiele der Eintracht-Heimspiele auszutragen. Der neue Präsident Gindorf, der erst zu Beginn der Saison das Amt von Böllinghaus übernommen hatte, wandte sich mit einem Appell an die Öffentlichkeit. Er beklagte die zu hohen Kosten für den Spielbetrieb in der Regionalliga und dass der DFB dabei zusehe, wie die Vereine zugrunde gehen. Zwar fand der Deutsche Fußball-Bund das alles andere als gut, die Vereine jedoch solidarisierten sich mit dem FSV.

Auch in Bornheim tat sich einiges. Es bildete sich ein Förderkreis, der Geld sammelte. Bornheimer Geschäftsleute halfen und sogar die Zeitungen appellierten an die Öffentlichkeit, den FSV jetzt nicht im Stich zu lassen. Zum nächsten Heimspiel kamen bereits 6.000 Menschen, zum Heimspiel gegen die Kickers Offenbach sollten es sagenhafte 16.400 Zuschauer werden. Kurz darauf erklärte sich Eintracht Frankfurt bereit, zu einem Freundschaftsspiel zu erscheinen, dem ersten Stadtderby seit 1962. Erneut knapp 16.000 Fans spülten einiges an Geld in die Kassen der Bornheimer und sorgten zumindest kurzzeitig für Entlastung.

»Schotte« Trimhold – ein ganz Großer

Als Horst – genannt »Schotte« – Trimhold zum FSV Frankfurt wechselte, war er bereits ein Star in Fußball-Deutschland. 1941 in Essen geboren, fing er natürlich auch dort mit dem Fußballspielen an. Dass er 1959 mit dem ETB Schwarz-Weiß Essen den DFB-Pokal gewann, erwähnen manche Fußballseiten im Internet nicht einmal. Kein Wunder, denn sein persönlicher einziger Erfolg sollte dies nicht bleiben – allerdings der größte Vereinserfolg des ETB. Die Einführung der Bundesliga erlebte Trimhold als Spieler von Eintracht Frankfurt. Nach drei Jahren bei der Eintracht und fünf Jahren bei Borussia Dortmund ließ er seine Karriere ab Sommer 1971 beim FSV Frankfurt im Amateurlager ausklingen.

Der Transfer sollte sich als absoluter Glücksgriff herausstellen, denn fast hätte sich Rot-Weiß Frankfurt die Dienste des Esseners gesichert. Doch dazu kam es nicht. Die besseren Aussichten beim Fußballsportverein überzeugten Trimhold und er schloss sich den Bornheimern an.

Bereits in seiner ersten Saison sollte »Schotte« für einen der größten Erfolge in der FSV-Historie sorgen. Der Mittelfeldspieler war gleichzeitig auch Führungsspieler, der auf dem Platz das Heft in die Hand nahm. Im Jahr zuvor war der FSV bereits ins Halbfinale der Deutschen Amateurmeisterschaft gekommen und dort am späteren Meister SC Jülich gescheitert. In diesem Jahr sollte sich dies ändern. Hubert Genz, Herbert Wagner, Peter Koch, Walter Seitz oder Walter Kesper hießen die Kicker, die von Erich Gehbauer trainiert und von Horst Trimhold auf dem Platz geleitet wurden.

Ein Jahr nach dem Scheitern im Halbfinale fand sich der FSV nun endlich im Finale wieder. Vor 10.000 Zuschauern musste der FSV in Neuwied gegen den TSV Marl-Hüls antreten, der sich im Halbfinale spektakulär nach einem 6:0 im Hin- sowie 6:0 im Rückspiel im Elfmeterschießen durchgesetzt hatte. Dabei war es ausgerechnet Trimhold, der durch einen Abspielfehler den Gegentreffer des Gegners einleitete. Hubert Genz glich noch vor der Pause aus – alles wieder auf Anfang. Erst gegen Ende des Spiels erlöste Horst Trimhold die Schwarzblauen und markierte mit seinem Tor in der 90. Minute den Siegtreffer zum 2:1. Der FSV war deutscher Amateurmeister 1972! Bei der nachfolgenden Siegesfeier sorgte Trimhold für eine weitere Überraschung: Da er nebenher bereits als Drucker arbeitete, hatte er zu diesem Spiel Meisterschaftskarten erstellen lassen. Die

Aufschrift »FSV Frankfurt – Deutscher Amateurmeister 1972«.

Auch danach blieb »Schotte« dem FSV treu, bis er seine Karriere beendete. Bei seinem Abschiedsspiel im Mai 1978 ernannte ihn der FSV zum Ehrenspielführer und nahm ihn in die ewige »Hall of Fame« des auf. In Hessen wurde Trimhold heimisch. Der gelernte Schriftsetzer baute eine Druckerei in Hanau auf, die bis heute in Familienbesitz ist. Am 8. April 2021 und damit kurz nach seinem 80. Geburtstag verstarb Trimhold in Hanau.

Immer Südtribüne: Peter Koch

Die Fußballer, die für den FSV Frankfurt 1972 die Deutsche Amateurmeisterschaft gewonnen haben, sind allesamt so etwas wie Helden vom Bornheimer Hang. Gelegentlich besuchen die Herren noch ein Spiel des FSV. Meistens in den VIP- und Businessräumlichkeiten, wie es sich für Ehrengäste ja auch gehört.

Doch kaum einer der Spieler dieser Mannschaft ist auch heute noch so oft im Stadion des FSV anzutreffen wie Peter Koch. Über 70 Jahre ist er mittlerweile alt und steht gerne mit seinem Sohn auf der Südtribüne des Stadions am Bornheimer Hang.

Peter Koch gehört zum FSV. In Bornheim erzählt man sich, man könne nicht über die Berger Straße laufen, ohne Peter Koch zu begegnen. Noch immer ist der ehemalige Spieler, der zwischen 1971 und 1979 für den FSV aktiv war, ein glühender Anhänger seiner Bornheimer und auch ein großer Kritiker selbiger. Zwar ist er nicht im Besitz einer Dauerkarte, besucht die Spiele mit Sohn Stephan aber regelmäßig. Dabei legt er keinen Wert auf einen gepolsterten Sitz und kleine Häppchen, sondern verfolgt das Spiel lieber direkt aus der Fankurve. Viele ehemalige Spieler des FSV Frankfurt sind sehr nahbare Gesellen; zu Peter Koch haben die meisten allerdings ein ganz besonderes Verhältnis. Mit kaum einem Ehemaligen kann man so gut schimpfen. Und lästern.

Peter Koch kam als 20-Jähriger zum Fußballsportverein, nachdem Otto Dehm, damals im Vorstand des FSV, auf den jungen Kicker aufmerksam wurde. Der Nachwuchsstürmer stellte dabei direkt seine Torgefährlichkeit unter Beweis. Drei Tore in seinem ersten Spiel waren eine klare Ansage. Bis zum Saisonende kamen noch zwanzig weitere hinzu und am Ende sicherte sich der FSV sogar die Deutsche Amateurmeisterschaft 1972. Bis heute der wohl bedeutendste Titel der Schwarzblauen.

Ein enorm wichtiges Tor erzielte Koch übrigens im Mai 1975. Der FSV spielte gegen den VfR Bürstadt. Vor einer Rekordkulisse von über 17.000 Zuschauern reichte dem FSV am Ende ein 2:2, um aus der Hessenliga in die 2. Liga Süd aufzusteigen. Koch avancierte hierbei – wie so oft – zum Matchwinner. Erst erzielte er das 1:0 per Kopf, steuerte ebenfalls den zweiten Treffer bei und holte sogar noch einen Elfmeter raus, der leider verschossen wurde. Allerdings nicht von ihm selbst.

Peter Koch absolvierte zwischen 1975 und 1979 insgesamt 108 Zweitligapartien im Trikot des FSV und traf dabei achtmal ins Tor. Im Januar 1979 beendete Peter Koch seine aktive Fußballerkarriere mit nur 29 Jahren aufgrund einer Verletzung. Im Anschluss ging er zu seinem Jugendverein Viktoria Preußen zurück und sammelte einige Titel als Jugendtrainer.

Nebenbei trat Koch immer mal wieder hobbymäßig gegen das runde Leder. Erst im Jahr 2005 – mit 55 Jahren – hängte er seine Fußballschuhe endgültig an den Nagel und widmet sich seitdem lieber seinem Schrebergarten oder schaut den Jungs in den schwarzblauen Trikots beim Kicken zu. Natürlich von seinem Stehplatz auf der Südtribüne hinter dem Tor.

Torwart Volz – der gelernte Stürmer

»Bekannt wie ein bunter Hund«, so kann Karl-Heinz Volz gut und gerne bezeichnet werden. Volz ist in Offenbach ein Held, so sagen zumindest die Fans der Kickers aus Offenbach. Und auch in Frankfurt denkt man immer gern an »Bornheims Stolz: Karl-Heinz Volz« zurück. Einige seiner Paraden als Schlussmann sind zumindest den älteren FSV-Fans bis heute im Gedächtnis geblieben.

Dass er im Tor landete, war allerdings nicht geplant. Mit zwölf Jahren ging Volz zur SpVgg Neu-Isenburg. Ein gefürchteter Stürmer war er. Einer, der aus jeder Lage das Tor traf. Bis in die A-Jugend jagte er dem Ball im Sturm hinterher. Letztendlich war es sein Jugendtrainer Ernst Bös, der Volz im Training ins Tor stellte und erkannte, was da an Talent schlummerte. Mit 21 wechselte Volz zu den Kickers Offenbachern und zwar ins Tor. Nur zwei Jahre später sollte er das Spiel seines Lebens machen: Die Kickers trafen als Zweitligist im Pokalfinale auf den 1. FC Köln und holten den Titel. Ein Spiel, welches Karl-Heinz Volz zu einer Offenbacher Legende werden ließ, denn er war es, der gegen Ende den entscheidenden Elfmeter hielt und den Triumph ermöglichte.

Nach dem Offenbacher Abstieg sicherte sich der FC Köln die Dienste von Volz, ließ ihn aber nur einmal in der Bundesliga zum Einsatz kommen und das auch nur für eine Halbzeit, da er beim Rückstand von 0:2 einfach ausgewechselt wurde. So zog es ihn zurück in seine Heimat und er schloss sich dem FSV Frankfurt an. Acht Jahre stand Volz für den FSV auf dem Platz. Über 13.500 Minuten hütete er den Bornheimer Kasten. Zwei Aufstiege durfte der FSV mit Volz feiern. Einer davon blieb ganz besonders in Erinnerung: Am 11. Mai 1975 kam es im Endspurt der Oberliga zum Showdown zwischen dem FSV und dem VfR Bürstadt. Bürstadt musste gewinnen, um Tabellenführer FSV noch abzufangen. 20.000 Zuschauer sahen dieses Spiel am Bornheimer

Hang. Am Ende ging es 2:2 aus, der FSV feierte den Aufstieg. Eines der Highlights von Volz, auch aufgrund der enormen Anzahl an Zuschauern, die er danach die wieder im Stadion am Bornheimer Hang erleben durfte.

In fünf Jahren Zweite Bundesliga absolvierte er über 150 Spiele. Erst ein Knieschaden beendete seine Karriere, mitten in der Saison. Zunächst war er noch Co-Trainer unter Dietmar Schwager, bevor es ihn zu weiteren Trainerstationen zog.

Volz ist noch heute treuer Anhänger seines Fußballsportvereins und weiterhin regelmäßig im Stadion anzutreffen. Zudem ist er neben Horst Trimhold, Mikayil Kabaca und Werner Niebel Ehrenspielführer.

Die FSV-Frauen – Pionierinnen ihrer Zeit

Die Wiege des deutschen Frauenfußballs stand in Frankfurt und noch heute wird in Frankfurt erfolgreich Fußball gespielt. 1930 wurde die erste Damen-Fußballmannschaft gegründet und das führte vor allem zu Gegenwind und unschönen Kommentaren. »Mannweiber« oder »Suffragetten« (veraltetes Wort für Frauenrechtlerinnen) waren da wohl noch die nettesten Bezeichnungen. In Frankfurt-Sachsenhausen trainierten zeitweise bis zu 35 Frauen zwischen 18 und 20 Jahren unter der Anleitung eines Fußballlehrers. Doch das Ganze konnte sich nicht durchsetzen. Trauriger Höhepunkt der frühen Geschichte des Frauenfußballs war das Verbot, das der Deutsche Fußball-Bund im Jahr 1955 aussprach. Auch Sportmediziner sprachen sich dafür aus, diesen Sport für Frauen zu untersagen. Es durften keine Damen-Abteilungen gegründet werden, Schiedsrichter durften die Spiele der Frauen nicht mehr pfeifen und es durften hierfür keine Plätze mehr zur Verfügung gestellt werden.

Das ließen sich die Frauen aber nicht so einfach gefallen und spielten trotzdem weiter. Ohne jegliche Zugehörigkeit zu einem Verein oder Verband. Und so waren es die Frauen der Schützengesellschaft »Oberst Schiel« und dem Betriebssportverein »Franken 66«, die am 30. Juni 1968 das erste Spiel in Frankfurt-Niederrad austrugen. Viele der untrainierten Frauen verletzten sich, aber Spaß und Ehrgeiz waren größer und so wurde ein weiteres Spiel vereinbart und alles nahm seinen Lauf. Der DFB kippte das Frauenfußball-Verbot im Jahr 1970.

Der FSV Frankfurt führte ebenfalls eine Fußballabteilung für Frauen ein. Die Damen des FSV waren die Ersten, die für den Frauenfußball in Hessen einen Spielerpass beim hessischen Fußballverband beantragt haben. FSV-Spielführerin Renate Baum wurde die Ehre zuteil, den Spielerpass mit der Nummer 1 zu erhalten. Auch Monika Koch-Emsermann hat im Frauenfußball Geschichte für den FSV geschrieben: Die Abteilungsleiterin der FSV-Damen war die erste Frau, die zum Trainerlehrgang für die B-Lizenz an der Sportschule Grünberg zugelassen wurde.

1974 richtete der DFB erstmals eine Meisterschaft im Frauenfußball aus. Der Modus wurde hierbei öfter geändert, von Gruppenspielen bis zum K.O.-System und es dauerte bis 1986, bis die Frauen des FSV endlich ihre erste Meisterschaft feiern konnten.

Als die Bundesliga zur Saison 1990/91 eingeführt wurde, wurde festgelegt, dass die jeweils beste Mannschaft der sechzehn Mitgliedsverbände teilnehmen durfte und vier weitere Plätze unter den jeweils Zweitbesten ausgespielt wurden. So gehörte die Frauenmannschaft des FSV Frankfurt zu den Gründungsmitgliedern der Frauen-Bundesliga.

Kapitel 5: 1982 bis 1996

Elf Jahre in der Amateuroberliga und drohende Insolvenz

In den Achtzigerjahren musste sich der FSV mit dem Amateurlager zufriedengeben. Sportlich lief es schlecht, teilweise kamen nur noch 700 Zuschauer zu den Spielen. Auch namhafte Trainer schafften es nicht, den FSV zu alten Erfolgen zurückzuführen. Mit Ausnahme des Gewinns des Hessenpokals in der Saison 1989/90. Nach der kurzen Rückkehr in die 2. Liga in der Saison 1994/95 begann auch der finanzielle Absturz. Der FSV stand kurz vor der Insolvenz.

Schleich-Werbung beim FSV!

Das Jahr 1981 neigte sich dem Ende zu und es wurde turbulent beim Fußballsportverein. Erst verabschiedete sich der amtierende Präsident Richard Buchholz, kurz darauf zog der bisherige Vizepräsident Edgar Drexel nach und gab seinen Posten ebenfalls auf. Buchholz musste auf Anraten seines Arztes von dem Amt, welches er seit vier Jahren innehatte, zurücktreten. Drexel stellte seinen Posten aufgrund beruflicher Veränderungen zur Verfügung und so kam es zu Neuwahlen im Rahmen einer außerordentlichen Mitgliederversammlung. Mit einer deutlichen Mehrheit wurde der bisherige Schatzmeister Bernd Metz zum neuen Präsidenten gewählt, Ludwig Husa zu seinem Stellvertreter und Heinz Ludwig neuer Schatzmeister. Um Richard Buchholz nicht gänzlich als Teil des FSV zu verlieren, wurde er in den Verwaltungsrat gewählt.

Finanziell war der FSV Frankfurt zu dieser Zeit alles andere als auf Rosen gebettet. Darum war es umso erstaunlicher, wie schnell es dem neuen Präsidium gelang, einen neuen Hauptsponsor zu finden. Dank der guten Kontakte des Vizepräsidenten Ludwig Husa konnte der Immobilien- und Liegenschaftsverwalter Werner Schleich als neuen Werbeträger präsentiert werden.

Ein gefundenes Fressen für die Frankfurter Journalisten, die ihren Beitrag über das Ereignis mit »FSV betreibt nun Schleich-Werbung« überschrieben. Mehr wurde allerdings nicht über den Deal bekannt, denn über Geldströme schwiegen beide Parteien.

Werner Schleich wollte seinen Teil dazu beitragen, dass der FSV Frankfurt wieder in die 2. Liga zurückkehre. Vonseiten des FSV war man jedenfalls sehr angetan von der großzügigen Unterstützung, die zu der Zeit eine wirkliche Hilfe war. Von der Saison 1982/83 bis 1989/90 lief der FSV Frankfurt mit dem Brustaufdruck »Schleich« auf, bis Sponsor »Huth« übernahm. Auch später war die Firma Schleich dem FSV Frankfurt weiterhin verbunden, wenn auch nicht mehr als Sponsor auf der Trikotbrust.

Die Fußballerinnen schreiben Geschichte

Bereits Mitte der Achtzigerjahre waren die Damen des FSV Frankfurt überaus erfolgreich. Kein Wunder, dass sie unter den Teams waren, die sich als beste ihres Verbandes für die neu eingeführte Frauen-Bundesliga qualifizierten.

Den ersten großen Erfolg der Vereinsgeschichte fuhren die Frauen im DFB-Pokal ein. Seit 1979 bestand der Vereinspokal für Frauen, an dem zunächst die Pokalsieger der sechzehn Landesverbände teilnehmen durften. Ab 1991 wurden die Paarungen bundesweit ausgelost. Die FSV-Frauen schafften es 1983 erstmals ins Pokalfinale, welches ausgerechnet am heimischen Bornheimer Hang ausgetragen wurde Der FSV unterlag dem KBC Duisburg klar mit 0:3. Doch die Chance auf Revanche sollte kommen.

1985 fand das Damen-Pokalfinale erstmals als Spiel vor dem Herren-Pokalfinale in Berlin statt. Bevor der vermeintliche Außenseiter Bayer 05 Uerdingen gegen den amtierenden Pokalsieger und aktuellen Meister FC Bayern München antreten musste, durften die FSV-Frauen ran. Der Gegner: der KBC Duisburg. Und diesmal ließen sich die Mädels nicht austanzen. Sie hielten gut mit, kamen aber über ein 1:1 auch nach Verlängerung nicht hinaus. Es ging ins Elfmeterschießen und hier wurde FSV-Torfrau Petra Melka zur Matchwinnerin. Sie hielt die ersten beiden Schüsse der MSV-Frauen und sicherten sich den ersten Pokaltitel. Ein Erfolg, der 1990, 1992, 1995 und 1996 wiederholt werden konnte.

Im Folgejahr des ersten Pokalsieges gelang erstmals der Gewinn der Deutschen Meisterschaft vor Einführung der Bundesliga. Wirkliche Konkurrenz innerhalb Frankfurts bekam der FSV erst als 1998 der »1. Frauen-Fußball-Club Frankfurt« (kurz: 1. FFC Frankfurt) gegründet und die Bundesliga-Lizenz der SG Praunheim übernommen wurde. Zwar hatte die SG Praunheim bereits einige beachtliche Erfolge verzeichnen können, aber mit der Verpflichtung einiger Top-Spielerinnen (unter anderem die langjährige FSV-Spielerin und Europameisterin Birgit Prinz), der Installation des ehemaligen Eiskunstlauf-Promoters Siegfried Dietrich als Manager und letztendlich der Übernahme samt neuem Namen war klar: Der FFC macht nun Ernst. Der FSV gewann nach 1994/95 nur noch 1997/98 die Bundesliga-Meisterschaft. Die Zeit der Erfolge war vorbei.

Dem traurigen Ende ging der FSV in der Saison 2005/06 entgegen. Aufgrund des geringen Budgets für den Frauenfußball war ein Großteil der Spielerinnen gewechselt bzw. musste aus finanziellen Gründen gehen, sodass das Team nur noch aus Nachwuchsspielerinnen und einigen Spielerinnen aus der Region bestand. Der Plan war, die Frauenabteilung durch Kosteneinsparung zu retten. Doch die fehlende Qualität im Kader machte sich bemerkbar und die Damen spielten die schlechteste Saison der Geschichte und wurden zur Schießbude. Den Negativrekord hält das Duell mit dem 1. FFC Frankfurt, welches mit 0:17 verloren ging. Im Anschluss an diese Saison wurde die Abteilung aufgelöst und das Kapitel Frauenfußball am Bornheimer Hang war vorbei.

Obwohl die Frauenmannschaft und -abteilung des FSV bereits seit 2006 nicht mehr existieren, ist sie noch heute auf Rang vier der Mannschaften mit den meisten Pokalsiegen (fünf) und Rang sechs bei den häufigsten Meistertiteln (drei, davon zwei in der Bundesliga). Erfolge für die Ewigkeit.

Und dann kam Stepi

Wenn es um Dragoslav Stepanović (genannt »Stepi«) geht, dann denkt man in erster Linie an Eintracht Frankfurt. Bereits in den Siebzigerjahren war der gebürtige Jugoslawe als Spieler der Eintracht am Ball. Es war seine erste Station in Deutschland. Auch wenn er danach zeitweise in Worms und im englischen Manchester spielte, so kam er von Frankfurt nie wieder wirklich los.

Nach dem Ende seiner Karriere als Fußballspieler betrieb »Stepi« zunächst eine Kneipe. *Stepi's Treff* war einst im Frankfurter Stadtteil Bergen-Enkheim im Einkaufszentrum Hessen-Center zu finden. Geschäftsführerin war seine Frau Jelena, die es sich nicht nehmen ließ, auch mal kleine selbstgemachte Leckereien zum Essen zu servieren. Ein Pub nach englischem Vorbild ohne Sitzplätze, allerdings mit Frankfurter Äppelwoi und Kölsch. Letzteres hatte er während des Lehrgangs an der Trainerakademie zu Köln kennen und lieben gelernt und kurzerhand nach Frankfurt importiert.

Der Gedanke, eine Trainerkarriere zu beginnen, überzeugte »Stepi« zu diesem Zeitpunkt noch gar nicht. Und
trotzdem machte er den Fußballlehrer, den höchsten
Abschlussgrad für Trainer in Deutschland. In der Regel
umfasste ein solcher Lehrgang 25 Teilnehmer und besteht aus einer bunten Mischung aus ehemaligen Profis
und Sportwissenschaftlern, die selbst oftmals keine
Fußballer oder gar Fußballprofis waren.

»Stepis« Lehrgang wurde von Gero Bisanz und
dessen Assistent Erich Rutemöller geleitet. Alle Teilnehmer des Lehrgangs müssen parallel zur Theorie eine
Mannschaft im regulären Spielbetrieb betreuen. Dies
war für Stepanović der FV Progres Frankfurt, ein Kreis-
ligist, der größtenteils aus Migranten bestand. Für
»Stepi« eine Herzensangelegenheit, diesen Verein zu
betreuen und den jungen Männern auch bei der In-
tegration zur Seite zu stehen.

1984 war der Lehrgang beendet, den Schein kaum
in der Tasche und prompt kam der erste Anruf mit einem Angebot. Der OFK Belgrad buhlte um den Neu-
Coach. Doch es war Jelena Stepanović, die ein Macht-
wort sprach und ihn bat, das Angebot abzulehnen. Und
er hörte darauf.

»Stepi« hörte auch auf Branko Zebec. Dieser hatte
kurze Zeit zuvor den Trainerposten bei Eintracht Frankfurt geräumt und wurde von »Stepi« gebeten, ihn als
Co-Trainer zur Eintracht zu vermitteln. Zebec warnte
den jungen Trainer »Achte immer darauf, wo du an-
fängst. Wenn du als Jugendtrainer beginnst, bleibst du

Jugendtrainer. Wer als Co-Trainer beginnt, bleibt Co-Trainer. Daher nehme ich dich nicht als Co-Trainer.«[15]

Es sollte anders kommen. Auf einem Parkplatz vor dem Stadion des FC Hanau 93 lernte »Stepi« Werner Thorhauer kennen, Präsidiumsmitglied und Manager des damaligen Oberligisten FSV Frankfurt. Stepanović wusste, dass der Fußballsportverein gerade auf Trainersuche war und bot sich an. Es war seine Leidenschaft und der Enthusiasmus, der Thorhauer aufhorchen ließ. Und so traf man sich tags drauf zum Kaffee mit den Ehefrauen. Während Werner Thorhauer danach noch unschlüssig war, war sich seine Frau Ingrid sicher: »Du musst Stepi nehmen, das ist unser Mann!«[16] Zwar startete »Stepi« nicht in der 1. Bundesliga, sondern nur in der dritten, aber dafür fast vor der eigenen Haustür.

In seinem ersten Trainerjahr in der Saison 1985/86 landete Dragoslav Stepanović mit dem FSV auf einem respektablen fünften Tabellenplatz. Im Folgejahr wollte der Oberligist an den Aufstiegsplätzen anklopfen. Bis zum Saisonende schienen Aufstieg und Rückkehr in den Profifußball ganz nah, doch das letzte Spiel beim KSV Baunatal wurde verloren. Der Traum platzte. Trainer Stepanović war so sauer über den fehlenden Kampfgeist und die Einstellung seiner Mannschaft, dass er sich lange weigerte, mit seinen Männern im Bus zurückzufahren. Letztendlich fuhr er mit, sprach aber kein Wort. Kurz vor Frankfurt blieb der Bus liegen.

---

15 Moschinski/ Thein, 2013, S. 71
16 Ebd.

Getriebeschaden, so der Busfahrer. »Der Tank ist leer«, sagte »Stepi« und ließ die Mannschaft den Bus zur nächsten Tankstelle schieben.

»Stepi« wollte mit dem FSV in die Bundesliga aufsteigen, aber alles, was man ihm sagte, war, dass kein Geld für teure Spielerverpflichtungen vorhanden ist und man die Mannschaft nicht in der Form verstärken könne, wie es notwendig gewesen wäre. Grund genug für Stepanović, die Brocken hinzuwerfen. Er trat im März 1987 als Trainer des FSV Frankfurt zurück.

Kurzer Abstecher in die 2. Liga

Nach dem Weggang von Stepanović wurde die erste Mannschaft des FSV Frankfurt jeweils ein Jahr von Wolfgang Solz und Werner Friese trainiert, ehe ab der Saison 1990/91 Herbert Dörenberg auf der Trainerbank saß. Gebürtig vom Niederrhein, hatte Dörenberg einen Großteil seiner Spieler- und Trainerkarriere in Hessen verbracht. Er leitete den Neuaufbau der Mannschaft ein, in dem er vor allem auf regionale Talente setzte. Dass in dieser Zeit auch die Frauenmannschaft sehr erfolgreich war, wirkte scheinbar auch motivierend auf die Männer. Die Saison 1992/93 schloss das Team auf Platz 2 ab. Etwas überraschend wurde Klaus Gerster als Manager verpflichtet, um die Strukturen des Vereins noch professioneller zu machen.

Die Saison 1993/94 sollte die letzte der Oberliga als dritthöchste Spielklasse sein, denn ab 1994 sollte die Regionalliga als dritte Liga eingeführt werden. Mithilfe namhafter ehemaliger Spieler von Eintracht Frankfurt wie Michael Klein, Ralf Haub und Thomas Lasser sollte es dem FSV auch gelingen, sich die Herbstmeisterschaft zu sichern. In der Winterpause trat Dörenberg recht überraschend zurück, offiziell aus beruflichen Gründen. Klaus Gerster übernahm für ihn. Das Team setzte sich weiter auf den oberen Rängen fest. Als Minimalziel war das Erreichen der Qualifikation zur Regionalliga ausgegeben und diese wurde problemlos erreicht. Am Ende war der FSV sogar Meister der Liga und durfte an der Aufstiegsrunde zur 2. Bundesliga teilnehmen.

In der Aufstiegsrunde musste der FSV gegen den SSV Ulm, Eintracht Trier und die Kickers Emden antreten. In den sechs Partien fuhr der FSV vier Siege ein und stieg am 12. Juni 1994 mit einem 3:0-Sieg gegen den SSV Ulm in die 2. Bundesliga auf.

Die Freude über diesen Aufstieg währte jedoch nicht lange. In der 2. Liga war der FSV gnadenlos unterlegen und bereits nach dem vierten Spiel Tabellenletzter. Nach 34 Spieltagen standen drei Siege, sechs Unentschieden und 25 Niederlagen in der Tabelle, was gemäß der damaligen Wertung mit zwei Punkten pro Sieg einer Punkteausbeute von 12:56 entsprach. Dazu kam ein Torverhältnis von 39:103. Man hatte eigentlich frühzeitig Planungssicherheit hinsichtlich der kommenden Saison, beschäftigte sich aber trotzdem lieber mit internen Streitigkeiten, auf und neben dem Platz.

Ralf Kellermann und die wilde Torrotation

Der gebürtige Duisburger Ralf Kellermann spielte bereits in seiner Jugend für den MSV Duisburg, arbeitete sich hoch bis in die erste Mannschaft. Dort allerdings war es schwer für ihn, sich durchzusetzen. In der zweiten Liga noch mit einigen wenigen Einsätzen, reichte es in der Bundesliga nur noch für den Platz als Torwart Nummer drei. Ein Vereinswechsel musste her, wenn Kellermann endlich zu regelmäßigen Einsätzen kommen wollte.

Zum FSV Frankfurt kam Kellermann im Sommer 1993. In seiner ersten Spielzeit bei den Bornheimern war Kellermann unumstrittener Stammtorwart und in der Regel gesetzt. Obwohl man einen guten Torwart und damit sicheren Rückhalt hatte, wurde zusätzlich Thomas Ernst verpflichtet, dessen Berater FSV-Manager Klaus Gerster war und der es bei Stadtnachbar Eintracht Frankfurt nicht schaffte, sich gegen Andreas Köpke durchzusetzen.

Da man beim Fußballsportverein Ernst und Kellermann als etwa gleichstark ansah, umging Klaus Gerster, der seit dem Weggang von Dörenberg in einer Doppelfunktion agierte, die Entscheidung, für den einen oder den anderen Torwart, auf seine eigene Weise: Er ließ rotieren, und zwar von Spiel zu Spiel.

Ein ungewöhnliches Konzept, aber während der Saisonvorbereitung 94/95 hatte sich keiner der beiden so sehr aufgedrängt, dass er zwingend hätte Nummer eins werden müssen. Da dieses System zudem bei den Testspielen recht gut funktioniert und zu keinen großen Schwierigkeiten in der Abstimmung mit der Abwehr geführt hatte, wurde es auch im Ligabetrieb so umgesetzt. Und so erschien Gerster die Lösung als die fairste, um sich (eventuell) in der Winterpause für einen, der beiden entscheiden zu können.

Schwierig sollte diese Entscheidung allerdings bleiben. Der FSV Frankfurt war schlichtweg zu schwach für diese Liga. Bis zum Ende der Hinrunde hatte der FSV keinen einzigen Sieg eingefahren. Der 18. Platz wurde durchgehend gehalten, bei 12:56 Punkten und 103 Gegentoren, von denen Kellermann 37 in seinen insgesamt neun Einsätzen (7x Startelf und zweimal eingewechselt) kassierte.

Nach einigen Stationen in Verl, Siegen, Paderborn und Lippstadt beendete Kellermann seine aktive Karriere und wurde Trainer. Ab 2008 war er Trainer der Frauenmannschaft des VfL Wolfsburg und verhalf ihnen zu drei Meistertiteln, zwei Champions League Titeln sowie vier Gewinnen des DFB-Pokals. 2014 wurde er zum FIFA-Frauentrainer des Jahres, nachdem er im Jahr zuvor Zweiter hinter Silvia Neid wurde. Seine Zeit in Frankfurt bezeichnete Kellermann in einem

Interview im Rahmen des DFB-Pokalspiels des VfL Wolfsburg gegen den FSV Frankfurt als chaotisch, allerdings nahm er auch Positives mit: Kellermann lernte hier seine Ehefrau Anja kennen.

Thomas Ernst: Vom Tor aufs Feld

Thomas Ernst wechselte zur Saison 1994/95 von Eintracht Frankfurt zum FSV Frankfurt, von der 1. in die 2. Liga. Der gebürtige Wiesbadener hatte gerade 13 Jahre beim Stadtnachbarn verbracht, war dort allerdings meist nur die Nummer 2 hinter Torwart-Ikone Uli Stein gewesen. Erst in der Saison 1993/94 (und nach dem Rauswurf von Stein) kam Ernst zu einigen wenigen Einsätzen für die Eintracht. Als der FSV aufstieg, folgte der Wechsel ins Tor der Bornheimer, welches er sich mit Ralf Kellermann – wie in der Geschichte zuvor beschrieben – teilen musste. Ernst kam am Ende auf 27 Einsätze. Wie diese Saison verlief und am Ende ausging, ist bekannt.

Zu einem denkwürdigen Spiel wurde allerdings die letzte Zweitligapartie von Thomas Ernst für den FSV Frankfurt. Es war der 18. Juni 1995 und der FSV musste beim FSV Mainz 05 antreten. Für die Mainzer Mannschaft, gespickt mit heutigen Trainern, Sportdirektoren und Verantwortlichen wie Jürgen Klopp, Stephan Kuhnert, Christian Hock, Sven Demandt und Željko Buvač, ging es sportlich um nichts mehr. Mit 30 Punkten und

Tabellenplatz 14 war der Klassenerhalt bereits gesichert. Allerdings wollte sich das Team noch einmal ordentlich aus der Saison verabschieden. Das Spiel endete mit 7:1, darunter zwei Eigentore (je eines pro Seite), sodass der FSV Frankfurt nicht mal seinen Ehrentreffer selbst erzielte. Für das letzte Spiel der Saison durfte Ralf Kellermann erneut ins Tor, während Thomas Ernst auf der Bank saß.

Es war in der 63. Minute, als Ernst eingewechselt werden sollte. Allerdings kam er nicht für Ralf Kellermann ins Spiel, sondern für Feldspieler Christos Figas. Grund für diesen ungewöhnlichen Wechsel war der Spielermangel der Bornheimer. Die Saison hatte den Verein in jeglicher Hinsicht viel Kraft gekostet. Das Spiel stand zu diesem Zeitpunkt bereits bei 6:1. Immerhin sollte in der verbleibenden guten halben Stunde nur noch ein Tor fallen. Und das, obwohl der FSV gleich zwei Torhüter auf dem Feld hatte. Thomas Ernst trug an diesem Nachmittag das Feldspieler-Trikot mit der Nummer 13. Ein besonderes Trikot und eine absolute Rarität.

Nach der Saison verließen beide Torhüter den Bornheimer Hang und Frankfurt. Thomas Ernst wechselte zum VfL Bochum und wurde Nummer zwei hinter Uwe Gospodarek. Zum FSV sollte Ernst noch einmal zurückkehren: Zwischen Juli 2007 und Juni 2008 war er Teammanager der Schwarzblauen. In der einen Spielzeit beim FSV Frankfurt lernte Ernst auch seine Frau Kerstin kennen. Die Zwillingsschwestern Kerstin und

Dagmar Pohlmann waren zu dieser Zeit erfolgreiche Spielerinnern der Frauenmannschaft des FSV und konnten mit ihrem Team zahlreiche Titel sammeln.

Kurz vor der Vereinsauflösung?

Der Abstieg aus der 2. Liga stand in der Saison 1994/95 bereits früh fest. Es wäre ausreichend Zeit gewesen, sich auf den Abstieg und den Neustart in der Regionalliga vorzubereiten und zu planen, welche Spieler künftig für den FSV auflaufen würden. Doch das passierte nicht. Stattdessen trat Gerster zurück und Vizepräsident Bernd Reisig tat es ihm gleich. Und auch Jörg Hambückers, der Gerster im März als Trainer abgelöst hatte, ging nicht mit in die Regionalliga.

So stand der Fußballsportverein nur zwei Wochen vor Start der Saison 1995/96 noch nahezu ohne Mannschaft da. Zwar konnte der FSV nach der Zweitligasaison ein finanzielles Plus in der Kasse vorweisen, wirklich genutzt wurde dieses allerdings nicht. In die Regionalligasaison startete der Verein mit dem höchsten Etat. Kurzfristig stellte sich Gerhard Emmerich als Interimspräsident zur Verfügung. Der Spielervermittler Joachim Leukel wurde neuer Manager und Michael Dämgen Cheftrainer.

Trotz einiger bekannter Spieler, die dank Leukel zum FSV kamen, wie Andreas Rüppel oder Kassoum Ouédraogo, stellte sich der Erfolg nicht ein und auch finanziell wurde es immer enger. Hohe Spielergehälter und stetig sinkende Zuschauerzahlen und -einnahmen sorgten nach und nach für eine Schieflage. Schnell fand sich die Mannschaft am Tabellenende wieder und stieg als Schlusslicht ab.

Im Mai 1996 stand der FSV Frankfurt kurz vor der Insolvenz. Vor dem letzten Heimspiel der Saison spekulierte die Frankfurter Rundschau bereits laut über eine drohende Auflösung des Vereins. Präsident Emmerich musste Konkursantrag stellen und erklärte seinen Rücktritt zum 30. Juni 1996.

Vereinsintern bildete sich eine Kommission, die das Ziel ausrief, den Fußballsportverein zu retten. Ein neues Präsidium unter der Führung von Bernd Reisig arbeitete alles auf, führte zahlreiche Gespräche und versuchte, Einigungen zu erzielen. Am Ende gelang es, den Konkurs doch noch abzuwenden. Ein kleiner Teilerfolg, doch die finanziellen Probleme sollten sich noch durch die kommenden Spielzeiten ziehen.

Kapitel 6: 1996 bis 2005
Sportliche und finanzielle Festigung

Ab 1996 setzte der FSV alles daran, sich Stück für Stück zu konsolidieren. 1998 gelang gar der Aufstieg in die damals drittklassige Regionalliga. Doch der Erfolg währte nicht lange. Zwei Jahre später war der FSV zurück in der Oberliga. Die Vereinsführung setzte alles daran, die Mannschaft so umzubauen, dass der Erfolg zurückkehren würde. Und dies sollte ab der Spielzeit 2005/06 endlich gelingen.

Letzte Rettung – tragbares Flutlicht

Das Thema Geld (oder besser gesagt fehlendes Geld) war in der Vergangenheit leider oft Thema beim Fußballsportverein. Anfang der 1960er-Jahre war dies der Grund, weswegen die Stadt Frankfurt Eigentümerin des Stadions am Bornheimer Hang wurde. Und die neue Eigentümerin entschied sich kurzerhand dazu, das Flutlicht des Stadions ab- und an der Rennbahn am Waldstadion wiederaufzubauen. An sich kein Thema, denn weil in der Oberliga keine strengen Richtlinien und Vorgaben existierten, wurden einfach die Abendspiele gestrichen, sodass die fehlende Beleuchtung keinerlei Probleme bereitete.

Doch es kam der 10. März 1998, der Tag, an dem der FSV Frankfurt am Bornheimer Hang auf den Konkurrenten Viktoria Aschaffenburg treffen sollte. Ein absoluter Oberligaschlager, der auch live im Hessenfernsehen übertragen werden sollte. Und zwar abends.

Da Not bekanntlich erfinderisch macht, wurde zunächst gründlich nachgedacht, welche Möglichkeiten man nun habe. Ein Umzug in ein anderes Stadion? Die Verlegung des Spieltermins? Das Spiel doch nicht übertragen lassen? Alles zu einfach.

Der FSV Frankfurt ließ sich die Möglichkeit des ersten Flutlichtspiels seit 38 Jahren nicht nehmen. Tragbares Flutlicht hieß die Lösung. Hierfür gab es (und gibt es bis heute) spezielle Unternehmen, die dafür sorgten, dass mobile Flutlichtmasten zum Bornheimer Hang gebracht wurden und damit ausreichend Licht für die Fernsehübertragung vorhanden war.

Das Problem wurde endgültig im Jahr 2009 mit dem bundesligatauglichen Umbau des Stadions behoben. Seitdem gibt es im Bornheimer Stadion wieder fest installiertes Flutlicht mit der erforderlichen Lux-Zahl.

Die Übertragung fand den Weg in 380.000 Haushalte und wurde kommentiert von Badesalz-Star Henni Nachtsheim und HR-Reporter Dirk Schmidt. Bis zu diesem Tag war Viktoria Aschaffenburg Tabellenführer, doch während der FSV in der Rückrunde immer stärker wurde, wurde Aschaffenburg kontinuierlich schwächer. An diesem Spieltag im März 1998 war nichts zu holen für den Tabellenführer: der FSV gewann die Partie durch zwei Tore von Andreas Rüppel mit 2:0.

Der FSV ist Cult

Im April 2000 befand sich der FSV Frankfurt in der Regionalliga Süd, damals dritthöchste Klasse und in der – auf den ersten Blick – sicheren Zone der Tabelle. Weder in akuter Abstiegsgefahr noch auf dem Weg an die Tabellenspitze Richtung Zweiter Bundesliga. Dennoch war es wichtig, ein gutes Ergebnis zu erzielen, denn nach dieser Saison würde die Regionalliga zweigleisig werden. Das gesicherte Mittelfeld war daher nicht mehr so sicher. Ein Platz unter den ersten Elf muss her, um sich hierfür zu qualifizieren.

Obwohl der FSV in erster Linie auf dem Platz daran arbeiten musste, dieses Ziel zu erreichen, war dies für Manager Bernd Reisig nicht genug. Beim Fußballsportverein musste sich auch außerhalb des Rasens etwas tun. Die Fanbasis musste größer werden, der Zuschauerschnitt sollte ansteigen. Um dieses Ziel zu erreichen, nahm der FSV ordentlich Geld in die Hand. »Kommen die Zuschauer nicht zum FSV, so kommt der FSV eben zu den potenziellen Zuschauern«[17], so Reisig.

Ab sofort wurden um die 500.000 Haushalte im Rhein-Main-Gebiet mit dem kostenlosen Magazin »Cult« beliefert, zudem gab es eine Plakatierung von Großflächen, auf der stets das nächste Heimspiel zu lesen war sowie Radio und Fernsehspots. Der FSV ließ sich nicht lumpen. Finanziert wurde die Aktion, die

---

17 Helms, Michael: „Der FSV Frankfurt auf dem Weg zum Cult-Verein" in: Frankfurter Neue Presse, 10.04.2000

über zwei Millionen Mark gekostet haben soll, ausschließlich über Anzeigen, die im Magazin geschaltet wurden. Grund dafür, dass so viel Geld generiert werden konnte, war natürlich auch die hohe Reichweite, die der FSV mit der Auflage von knapp 500.000 Magazinen erzielen würde. Laufen sollte sie bis Jahresende und unabhängig davon, in welcher Liga der FSV sich am Ende befinden würde.

Als die Plakatierung startete, stand bei den Bornheimern das Heimspiel gegen Borussia Fulda bevor. Ein Duell, welches man im Hinspiel gewinnen konnte und ein Gegner, den man wenige Tage zuvor noch aus dem Hessenpokal geworfen hatte. Mithilfe der umfangreichen Werbung sollten über 2.000 Zuschauer angezogen werden, regulär lag der Schnitt bei um die 1.100 Besucher. Der gewünschte Erfolg trat jedoch nicht ein. Der FSV unterlag Fulda am 26. Spieltag mit 0:1 vor 1.500 Zuschauern. Die Aktion ging allerdings weiter, die Plakate hingen weiterhin. In den Anzeigen war zu lesen »Der FSV Frankfurt muss in die neue Regionalliga. Die Mannschaft hat versprochen, ihr Letztes zu geben.«

Je weiter die Saison voranschritt, desto enger wurde es. Rang 11 hieße neue Regionalliga, Rang 12 Relegation. Nach 34 Spieltagen stand der FSV Frankfurt auf Platz 13. Allerdings mit einem großen Aber: Der FC Augsburg war in finanzielle Schieflage geraten und es war in diesen Tagen unsicher, ob die Schwaben überhaupt die Lizenz erhalten würde. Und der FCA befand sich zu diesem Zeitpunkt vor dem FSV, sodass der FSV hier direkt profitieren würde. Wie es ausging? Das gibt's in der nächsten Geschichte zu lesen.

Entscheidung am grünen Tisch

Ein Abstieg ist immer bitter. Manchmal steht er früh fest, manchmal passiert er erst in letzter Minute. Doch manchmal schafft man es sportlich und schießt sich aus anderen Gründen ins Aus.

Die Saison 1999/2000 brachte wieder mal eine Reform hervor. Die Regionalligen sollten von vier auf zwei Staffeln reduziert werden. Um weiterhin in der Regionalliga zu bleiben, musste am Ende Tabellenplatz 11 erreicht werden. Um die Relegation gegen den Oberligameister zu spielen, benötigte man Platz 12. Für den FSV, der noch immer unter den Nachwirkungen der Beinahe-Insolvenz von 1996 zu leiden hatte, nicht die leichteste Aufgabe.

Die Saison startete unerwartet gut. Mit Schwung aus der erfolgreichen Vorsaison fegte die Mannschaft durch die Liga und sammelte in der Hinrunde bereits 28 Zähler. Der Klassenerhalt in der Regionalliga war zum Greifen nahe. In der Rückrunde gelang dem FSV allerdings gar nichts mehr und es wurde richtig eng. Und auch kurios.

Fest stand zu diesem Zeitpunkt kurz vor Saisonende nur, dass die zweite Mannschaft des Karlsruher SC aufgrund des Abstiegs der Profimannschaft ebenfalls absteigen müsste. Zwangsweise. Am letzten Spieltag war zwischen Rang 10 und 14 noch alles möglich: Stuttgart war bereits gerettet, der FSV musste gewinnen und gleichzeitig darauf schauen, was der VfR Aalen und der FC Augsburg bzw. der FC Schweinfurt machen würden.

Der Fußballsportverein machte seine Hausaufgaben und gewann die Partie gegen den VfB Stuttgart mit 1:0 durch ein Tor von Christoph Westerthaler. Gleichzeitig sorgte der FC Schweinfurt mit seinem Sieg aber dafür, dass er am FSV vorbeizog. Außerdem hatte Aalen gewonnen und auch Wiesbaden hatte sich dem FSV wieder bis auf einen Punkt genähert. Nun wurde es wieder eng in der Abschlusstabelle.

Der FSV fand sich nur noch auf Rang 13, was auch mit Zwangsabstieg der zweiten Mannschaft des Karlsruher SC (aktuell auf Rang 12) nicht reichen würde. Drin oder nicht drin? Kurz nach Abpfiff kam dann die Meldung, dass ein potenzieller Neu-Investor von Ligakonkurrent FC Augsburg (Tabellenplatz 8) kurzfristig seine Bürgschaft wieder zurückgezogen hatte. Das bedeutete, Augsburg war nicht mehr in der Lage, die Lizenzbedingungen des DFB zu erfüllen. Das könnte in letzter Konsequenz Lizenzentzug und Abstieg bedeuten. Zu diesem Zeitpunkt war dies allerdings noch unklar. Dadurch sollte dem FSV Platz 13, der gleichbedeutend mit einem Relegationsspiel gegen den SV Sandhausen oder Jahn Regensburg war, doch ausreichen.

Dann kam es allerdings noch dicker: Es stellte sich heraus, dass FSV-Trainer Michael Blättel Elton da Costa

Junior eingewechselt hatte. An sich nichts Schlimmes, hätte da Costa denn auf dem Spielberichtsbogen gestanden. Das war einer technischen Panne geschuldet, einem Fehldruck des Bogens. Der Bogen wurde so ausgedruckt, dass zwei Spieler nicht auf jedem Ausdruck draufgestanden hatten. Bemerkt hatte diesen Fehler keiner, da vereinzelt korrekte Bögen existierten, von denen etwa der Stadionsprecher einen hatte. Also kam es auf den VfB und dessen Gnade an. Doch die Schwaben signalisierten, keinen Einspruch einlegen zu wollen. Zwischenzeitlich hatte der Schiedsrichter den Vorfall bezüglich da Costa natürlich an den Verband weitergegeben, der ein Verfahren gegen den FSV einleitete und um Stellungnahme bat. Auch der SV Wehen ließ es sich nicht nehmen, die »Prüfung auf dem Amtsweg«[18] zu fordern. Zwar moralisch zweifelhaft, allerdings auch nachvollziehbar, denn die Wiesbadener würden noch in die Relegation gehen, wenn dem FSV die drei Punkte aberkannt werden und er somit auf Tabellenplatz 14 rutschen würde.

Der Anfang einer regelrechten Schlammschlacht. Der FSV kündigte an, alle Rechtsmittel ausschöpfen zu wollen, sollte es zu dem Punktabzug kommen. Beim süddeutschen Fußball-Verband war die Sachlage direkt klar: Ein Spieler, der nicht auf dem Spielberichtsbogen steht, ist laut Statuten nicht spielberechtigt. Hier gibt es keinen Handlungsspielraum. Der FSV wälzte indes

---

18 Helms, Michael: Frankfurter Neue Presse, „Fall da Costa: Dem FSV droht heute der Abstieg in die Oberliga", 30.05.2000

Akten und wurde tatsächlich fündig. Einst gab es einen ähnlichen Fall, in dem bei einem Spiel der Frauen-Bundesliga eine vermeintlich nicht spielberechtigte Akteurin eingewechselt wurde. Der DFB hatte den Einspruch abgelehnt, mit der Begründung »der Protest einlegende Verein irrt, wenn er glaubt, die Spielerin sei nicht spielberechtigt gewesen«.[19]

Wenige Tage später gab es die vermeintliche Gewissheit. Der Fußballsportverein kam mit einem blauen Auge davon und wurde nur zu einer Geldstrafe verdonnert. Das Sportgericht begründete diese Entscheidung damit, dass Elton da Costa generell spielberechtigt war und auch der Spielerpass vorgelegen habe. Somit handele es sich im vorliegenden Fall lediglich um eine »geringfügige Ordnungswidrigkeit«[20]. Atmete man beim FSV noch auf, plante der SV Wehen allerdings den Gang vor ein ordentliches Gericht. Und sollte Recht bekommen. Wenige Tage später wurden dem FSV die Punkte doch abgezogen. Währenddessen wurde dem FC Augsburg die Lizenz entzogen, was eigentlich für den FSV den Klassenerhalt bedeutet hätte und Wehen wäre in die Relegation gegangen.

Drinbleiben, Relegation, Abstieg. Turbulente Tage am Bornheimer Hang. Unterdessen wurde das Relegationsspiel terminiert: FSV Frankfurt gegen Jahn Regensburg. Da es noch keine Entscheidung gab (der FSV

---

19 Ebd.
20 Helms, Michael: Frankfurter Neue Presse, „Geldstrafe für den FSV, aber Wehen protestiert", 02.06.2000

hatte einstweilige Verfügung gegen das Urteil beantragt), trat der FSV unter Protest gegen Regensburg an.
Unter dem Motto »Macht den Hang zur Hölle« hatten
sich die Fans einiges vorgenommen. Tausende Flugblätter wurden in Bornheim verteilt. Das Team wollte
unbedingt gewinnen. Gelingen sollte das am Ende
nicht. 2:3 am Bornheimer Hang und 3:1 in Regensburg
bedeuteten am Ende zwei Niederlagen und den Abstieg.
Die Hoffnung lag nun vollends beim Landgericht Nürnberg und somit auf einer Entscheidung am grünen Tisch
und auch diese Hoffnung sollte zerstört werden. Der
Antrag auf einstweilige Verfügung wurde abgelehnt, das
Urteil bestätigt. Der FSV stieg in die Oberliga ab.

Idrissous außergewöhnlicher Wohnsitz

Fußball schreibt viele Geschichten. Schöne, traurige, eigenartige Geschichten. Jeder Verein kann von vielen
Geschehnissen berichten. Und so gibt es auch Spieler,
die durch ihre Art und ihr Verhalten dafür sorgen, dass
es mächtig Gesprächsstoff gibt. Hierzu gehört in der Geschichte der Fußballprofis Deutschlands auch Mo Idrissou. Ja, über Mo haben sicher die meisten Fußballfans
schon mal etwas gehört oder gelesen. Er polarisiert so
sehr, dass es auf Internetseiten wie Wikipedia ein eigenes Kapitel namens Kontroversen über ihn gibt.
Mohamadou Idrissou wurde 1980 geboren und stammt
aus Kamerun. Die ersten fußballerischen Gehversuche

machte er in seiner Heimat, bis er zwei Monate nach Beginn der Saison 2000/2001 vom damaligen Oberligisten FSV Frankfurt nach Deutschland geholt wurde. Idrissou lebte sich gut ein und brachte gute Leistungen auf dem Platz. Er absolvierte in seinem halben Jahr beim FSV 18 Spiele und erzielte 15 Tore. Oft traf er sogar doppelt in einer Partie. Der ideale Einstand und der Grundstein für eine Karriere in Deutschland.

Doch der Kameruner war stets ein wenig eigensinnig, besonders neben dem Platz. Wohnung suchen? Nein, danke, zu viel Aufwand. Er zog kurzerhand im Stadion ein. Gerüchten zufolge soll er gar versucht haben, in seiner Wohnung zu grillen, was beinahe zu einem Brand geführt hat. 2000 sah das Stadion am Bornheimer Hang noch etwas anders aus als heutzutage. Eine alte Haupttribüne mit Sitzplätzen und ansonsten rundherum Stehränge. Die Tribüne selbst war zu dieser Zeit auch schon einige Jahrzehnte alt.

Im Sommer 2014 war Idrissou erneut beim FSV Frankfurt im Gespräch. Gerne hätte der Kameruner seine Karriere dort beendet, wo er sie einst begonnen hatte. Zu einem Treffen zwischen Geschäftsführung und Spieler sei es auch gekommen, aber schnell wurde klar, dass die Vorstellungen zu weit auseinanderliegen. Eine Rückkehr scheiterte, in erster Linie aus finanziellen Gründen. Und eventuell auch, weil im FSV-Stadion zwischenzeitlich kein Zimmer mehr frei war.

Squaredance in der Haupttribüne

Ein Vereinsheim ist bei den meisten kleineren und größeren Vereinen Standard auf oder in der Nähe des Stadiongeländes. Zumindest in den unteren Klassen. Es ist der ideale Ort, um sich nach einem Spiel zu treffen, sich je nach Wetter aufzuwärmen und ein wenig zusammenzusitzen. Ein Vereinsheim ist in der Regel gespickt mit Andenken, Erinnerungsfotos und Pokalen. Wie ein kleineres Museum, mit der Möglichkeit, gemütlich etwas zu trinken. Seit dem Umbau bzw. seit dem Aufstieg in die 2. Bundesliga gibt es so etwas im Stadion am Bornheimer Hang nicht mehr. Doch das war auch schon einmal anders. Und wie sollte es anders sein, so ganz gewöhnlich war auch das Vereinsheim (wenn es denn so genannt werden kann) nicht.

In den letzten Jahren vor dem Abriss hatte der FSV Frankfurt keine klassische Gaststätte, wie man sie von einem Fußballverein gewohnt ist. Das Stadion am Bornheimer Hang beherbergte einen Saloon, das *TeXas*. Der Country-Club, geführt von Michael Eckert, befand sich im ersten Stock des Stadions und wurde am 5. August 2001 eröffnet. Die Räumlichkeit an sich eher schlauchartig, mit einer kleinen Bühne in der Ecke, auf der sich oft Musiker die Ehre und ihre Musik zum Besten gaben. Nicht ideal für diese Art Etablissement, aber es wurde das Beste daraus gemacht. Die Country Freunde Rhein-Main waren gerne zu Gast. Konzerte, Versammlungen,

Line Dance-Übungsstunden – viele Jahre war es der Treffpunkt für Fans aus dem Rhein-Main-Gebiet.

Einiges an Devotionalien musste herhalten, um ein wenig Country- und Cowboy-Style hineinzubringen. Kuhfelle, Wagenräder, Hüte – was man eben so braucht, um amerikanisches Flair nach Bornheim zu bringen. Das Highlight war allerdings die große Sonnen-Terrasse, von welcher aus man perfekte Aussicht auf die Trainings- und Spielfelder hatte. Und überhaupt wurde der deutsche Fußball immer etwas größer geschrieben als amerikanische Sportarten. Beim Essen war es jedoch umgekehrt; auf der Karte fanden sich in erster Linie Speisen, die Fans von deftigen amerikanischen Gerichten das Herz höherschlagen ließen. Burger, Steaks, Salate und dazu amerikanisches Bier und auf Wunsch natürlich auch den Frankfurt-typischen Apfelwein. Wenn gerade mal kein Fußball lief, wurden im *TeXas* Country-Veranstaltungen wie die After-Work Line Dance Party jeden Dienstag durchgeführt. Auch für Country-Bands, egal ob gestandene oder Nachwuchs, war das *TeXas* beliebter Anlaufpunkt. So fand regelmäßig ein »Open Stage«-Abend statt, wo sich Solo-Künstler, Bands und Musiker präsentieren konnten.

Den *TeXas* American Saloon gab es von 2001 bis Herbst 2009. Der Umbau des Stadions startete noch im laufenden Betrieb des *TeXas*, im September 2009 war aber Schluss für die Country-Freunde, die sich fortan etwas Anderes suchen mussten. Ob sich auch die Kicker des FSV hier zum Squaredance tanzen getroffen haben, ist leider nicht bekannt. Beliebt war das Lokal allemal. Und vor allem sehr ungewöhnlich an diesem Standort.

Der doppelte Marco

Es ist ja durchaus nichts Ungewöhnliches, dass zwei Personen gleich heißen. Kommt eben vor. Aber dass zwei Fußballer mit dem gleichen Namen ausgerechnet beim selben Verein spielen, das kommt vermutlich eher selten vor. Oder nie. So liefen für den FSV Frankfurt in der Saison 2001/02 zwei Marco Roth auf. Das Sportmagazin Kicker bekannte sie kurzerhand als Marco Roth I und Marco Roth II.

Marco Roth I wurde im Jahr 1973 geboren und wechselte im Juli 2000 zum Fußballsportverein. Sein Namensvetter ist vier Jahre älter, stieß allerdings erst ein Jahr später zum Verein. Die Vergabe der Nummern geschah also nicht anhand des Alters, sondern gemäß der Vereinszugehörigkeit. Immerhin spielten beide auf unterschiedlichen Positionen.

Marco Roth II war im Mittelfeld anzutreffen und gehört zu den Spielern des FSV, die die meisten Tore erzielt haben. In 92 absolvierten Hessenligaspielen traf er 25x. Innenverteidiger Marco Roth I gehörte ebenfalls zum Stammpersonal und stand 53x auf dem Platz, bei drei erzielten Toren.

Noch kurioser ist allerdings, dass beide Marco Roth danach zum SV Bernbach wechselten. Marco Roth II war einst aus Bernbach zum FSV gekommen. Ihn zog es nach drei Jahren wieder dorthin zurück. Marco Roth I folgte ihm eine Spielzeit später – nach ebenfalls drei Jahren am Bornheimer Hang.

Rosenthal: wie der Vater, so der Sohn

Der Name Rosenthal taucht nicht nur in der neueren Geschichte des FSV Frankfurt auf. Julius Rosenthal Senior war seit seiner Kindheit Anhänger der Schwarzblauen. Er kellnerte in Bornheim, genau wie seine spätere Frau Anne. Einige Jahre vor Beginn des Zweiten Weltkriegs eröffneten sie ihre eigene Gaststätte an der Frankfurter Konstablerwache. »Zum dicken Julius« sollte das Sportlerlokal heißen und warb mit gepflegten Binding-Bieren sowie gutbürgerlicher Küche zu jeder Tages- und Nachtzeit. »Ob mein Verein, ob dein Verein, in meinem Fass muss Binding sein« lautete das Motto. Die Rosenthals waren Gastgeber durch und durch.

Als der Krieg sich dem Ende neigte, wurde aufseiten des Fußballsportvereins ein neuer starker Mann an der Spitze gesucht. Rosenthal galt als unbelastet und so kam es, dass er Teil des Vereinsvorstands wurde und dabei half, den Verein wiederaufzubauen. Ein Mann mit zahlreichen Verdiensten rund um den FSV.

Im Jahr 1946 wurde Sohn Julius geboren. Und auch er wurde natürlich direkt beim Fußballsportverein angemeldet, genau wie seine Schwester. Rosenthal Junior hat seit seiner Kindheit auch selbst Fußball gespielt und einige Jugendmannschaften des FSV durchlaufen. Bis zu seinem 60. Lebensjahr spielte er bei den Alten Herren (AH) des FSV. 2002 wurde er Vizepräsident und war seitdem Teil der Vereinsführung. Im Februar 2008 wurde der gelernte Speditionskaufmann zum Präsidenten gewählt. Zu dieser Zeit war Rosenthal noch voll berufstätig und haderte ein wenig mit der zusätzlichen Belastung. Am Ende war es allerdings eine Entscheidung des Herzens. Und auch für Bernd Reisig war diese Wahl alternativlos: »Ich kenne keinen Präsidenten, der 62 Jahre lang Mitglied im Verein ist. Mehr Verbundenheit kann man nicht nach außen tragen[21]« so Reisig kurz nach der Ernennung des neuen Vereinspräsidenten.

Fast zehn Jahre hatte Rosenthal das Amt inne, ehe er dieses im März 2017 niederlegte.

Semlitsch: Herzinfarkt und Punkterekord

Das Konzept eines Spielers, der später als Trainer aktiv ist, ist im deutschen Fußball nichts Ungewöhnliches. So auch beim FSV Frankfurt. Seien es Hans-Jürgen Boysen oder auch Benno Möhlmann, die zu den bekannteren ehemaligen Trainern des FSV Frankfurt gehören und die früher selbst als Kicker in den höchsten Spielklassen aktiv waren.

---

21 Annette Seitz „Der zweite ist jetzt der erste Mann" , Frankfurter Rundschau

Dass ein ehemaliger Spieler aus den eigenen Reihen zum Cheftrainer aufsteigt, hat es beim Fußballsportverein aus Frankfurt allerdings nicht allzu häufig gegeben. Und dass dieser dann noch an einem »all-time record« kratzt, erst recht nicht.

In der Saison 2003/04 spielte der FSV Frankfurt in der Hessenliga und wurde trainiert vom ehemaligen Fußballspieler (nicht beim FSV, aber beim 1. FC Saarbrücken und den Kickers Offenbach) Nikolaus – genannt Niko – Semlitsch. Dieser war bereits acht Jahre zuvor Trainer des FSV – ab der Saison 1995/96. Der FSV hatte gerade ein Jahr in der zweiten Liga hinter sich, war sang- und klanglos abgestiegen und stand kurz vor der Insolvenz. Bis zwei Wochen vor dem Saisonstart war die Mannschaft bei Weitem nicht komplett, das erschwerte den Start in der Regionalliga. Der glücklose Michael Dämgen wurde durch Niko Semlitsch ersetzt, doch es ging erneut runter. Semlitsch hatte den Auftrag, mit dem FSV die Klasse in der Oberliga Hessen zu halten, damit man nicht erneut in die Bedeutungslosigkeit abrutschte. Das sollte ihm gelingen: Platz 7 im ersten Jahr. Für ihn ging es als Trainer dennoch nicht weiter, Herbert Dörenberg übernahm die Schwarzblauen.

Für Semlitsch ging es sechs Jahre später zurück zum FSV, am 1. März 2003 wurde er ein zweites Mal verpflichtet. Der FSV mit Spielern, die dem Verein bis heute verbunden sind, wie Tomas Oral, Mikayil Kabaca, Carsten Hennig oder Serkan Ucar, legte eine tolle

Rückrunde hin (9 Siege, 2 Unentschieden, 2 Niederlagen) und wurde Dritter in der Oberliga Hessen.

Es ging in die neue Saison und es folgte ein kleiner Umbruch. Da die Konkurrenz aus Kassel, Darmstadt und Fulda mächtig aufgerüstet hatte, investierte man aufseiten der Bornheimer lieber in die Jugend und versuchte nicht, am Aufstiegsrennen teilzunehmen. Trotzdem sprang am Ende ein beachtlicher sechster Platz raus. 2004/05 wollte der FSV Frankfurt oben angreifen. Dies gelang weitgehend auch: Am 9. Spieltag wurde erstmals die Tabellenführung errungen. Der FSV schlug sich gut, stand am Spieltag 12 durchgehend auf Rang 1 oder 2. So gut der Saisonverlauf, umso tragischer das, was noch kommen sollte: Am 31. März 2005 erlitt Trainer Niko Semlitsch während einer Trainingseinheit der Profis einen Herzinfarkt. Während seiner Genesungszeit übernahm der ehemalige FSV-Spieler Claus Plattek den Posten als Interimstrainer. Dieser war bereits einen Monat zuvor mit ins Trainingslager geflogen, um Semlitsch zu unterstützen und kannte die Mannschaft gut. Das machte sich auf dem Platz bemerkbar. Mit Claus Plattek auf der Trainerbank spielte der FSV elf Partien in der Hessenliga und verlor kein einziges davon. Die Bilanz: sechs Siege, fünf Unentschieden. Plattek kann sich damit zu den erfolgreichsten FSV-Trainern der Vereinshistorie zählen. Zum Aufstieg reichte es trotzdem nicht, der FC Eschborn war in dieser Spielzeit einen Tick stärker.

Nach der Saison beendete Plattek seine Karriere als Trainer. Danach war er über viele Jahre als Scout aktiv. Nur gut fünf Wochen nach dem Infarkt kehrte Semlitsch zurück zum FSV. Zwar nicht mehr als Trainer, aber als sportlicher Leiter. Dieses Amt übte Semlitsch knapp ein Jahr aus und ging dann zum FSV Fernwald. Das Traineramt des FSV übernahm unterdessen Gerhard Kleppinger.

Kapitel 7: 2005 bis 2009

Startschuss für den Weg nach oben

Nachdem der FSV den Aufstieg zweimal ganz knapp verfehlt hatte, sollte dieser im Jahr 2007 endlich gelingen. Das Team von Trainer Tomas Oral marschierte von der Oberliga (4. Liga) bis in die 2. Bundesliga durch und übersprang sogar die neu eingeführte 3. Liga. Eine Wahnsinnsleistung.

Das Spiel der Spiele gegen Kassel

In der Ära von Bernd Reisig hat der FSV Frankfurt oftmals versucht, in den bezahlten Fußball zurückzukehren. In den Jahren vor dem Durchmarsch von der Oberliga in die 2. Bundesliga war der FSV Frankfurt allerdings nicht so erfolgreich. Eines der bittersten Endspiele hatte der FSV im Jahr 2006. Kurz vor Beginn der Weltmeisterschaft in Deutschland wollten auch die Bornheimer zeigen, dass es sie gibt.

In der Saison 2005/06 spielte der FSV bereits im sechsten Jahr in der seinerzeit viertklassigen Oberliga Hessen. Im Jahr zuvor wurde der Aufstieg knapp verpasst, der FSV wurde nur Zweiter. Mit neuem Trainer Gerhard Kleppinger sollte nun der nächste Versuch gestartet werden. Die Mannschaft aus der Vorsaison blieb weitgehend dieselbe und so starteten die Bornheimer ganz erfolgreich und knüpften da an, wo sie zum Ende der letzten Saison aufgehört hatten. Nach vierzehn Spielen ohne Niederlage brach das Team ein und die Erfolge blieben urplötzlich aus. Mit sechs Punkten

Vorsprung führte der FSV die Tabelle an und dennoch entschied man sich im Dezember 2005 für einen Trainerwechsel von Kleppinger zu Michael Blättel, der bereits zwischen 1998 und 2000 auf der Trainerbank gesessen hatte. Der Erfolg kam damit allerdings nicht zurück, eher im Gegenteil.

Der Vorsprung auf Verfolger Hessen Kassel schrumpfte zusehends. Es kam zum Showdown und dem direkten Duell um den Aufstieg. Kurioserweise sollte das direkte Duell am letzten Spieltag auch gegeneinander stattfinden und nicht auf zwei getrennten Plätzen gegen andere Gegner. Der FSV Frankfurt hatte trotz fünf vorangegangener Siege nur eine geringfügig bessere Ausgangssituation dank eines besseren Torverhältnisses. Ein Unentschieden würde ausreichen und der FSV würde endlich aufsteigen.

Es war der 28. Mai 2006, der FSV Frankfurt empfing zuhause den KSV Hessen Kassel. Gut 10.000 Zuschauer wurden erwartet. Selten hatte es in den letzten Jahren einen solchen Zuschauerandrang am Bornheimer Hang gegeben. Das Tor für die Frankfurter wollte und wollte aber nicht fallen und so kam es, wie es musste: Kassel ging kurz nach der Pause in Führung, Thorsten Bauer markierte das 1:0 für die Gäste aus Nordhessen. Jetzt ein Tor und der FSV wäre durch gewesen. Aber es gelang schlichtweg nicht. Und es fiel an diesem Nachmittag auch kein Tor mehr. Es war eines der bittersten Endspiele in der FSV-Geschichte. Zu nah war man dran, endlich wieder aufzusteigen. Ein

Wermutstropfen: Beide Spiele gegen Kassel wurden in dieser Saison verloren und so musste man sich immerhin einem Gegner geschlagen geben, der im gesamten Saisonverlauf immer ein wenigen Tick stärker als man selbst war.

Doch damit endete diese Saison nicht, denn es folgte ein weiteres Endspiel, und zwar im Hessenpokal gegen den SV Darmstadt 98. Auch dieses Spiel sollte verloren gehen. Dahin der Pokalsieg und die damit verbundene Teilnahme am DFB-Pokal. Die Saison 2005/06 wurde zu einer der bittersten Spielzeiten in der Historie der Bornheimer. Zwei verlorene Endspiele und die Auflösung der Frauenabteilung. Aber dieses Tief sollte nicht lange vorhalten.

Motivationskünstler Tomas Oral

Tomas Oral kam als Spieler im Jahr 2000 zum Oberligisten FSV Frankfurt. Ab 2003 fungierte er gleichzeitig als Trainer der zweiten Mannschaft, welche er von der Kreisklasse in die Landesliga führte. Zur Saison 2006/07 beendete Oral seine aktive Karriere und wurde Trainer der ersten Mannschaft. Seine erste Spielzeit brachte eine große Aufgabe mit sich: Aufstieg (in die Regionalliga). Am Ende sollte dies gelingen, und zwar zweimal in Folge. Zusammengezählt schaffte Oral in seiner Zeit beim FSV Frankfurt sechs Aufstiege in sechs Jahren.

Klar, dass da ein Geheimnis dahinterstecken muss. Als Aufsteiger in die Regionalliga wurden der FSV und sein unerfahrenes Team eher belächelt. Doch Oral ließ sich weder von Gegnern noch den eigenen Profispielern beeindrucken. Er ließ auch mal Thomas Sobotzik, Matthias Hagner oder Matías Esteban Cenci auf der Bank und seinen jungen Spielern den Vortritt. Etwas, das er bis heute praktiziert. Beirren ließ er sich nie, er glaubte an die Mannschaft, die er aufstellte.

Vor einer Partie beim FC Heidenheim entschied er sich, das Aufstellen der Mannschaft seinem Team selbst zu überlassen. Ein wenig vor-gefiltert wurde das Team allerdings, denn der 18 Mann starke Kader für das Auswärtsspiel stand bereits im Vorfeld fest. Trotzdem wurden Zettel verteilt und die Spieler durften ihre Wunsch-Aufstellung notieren und wurden so in die Entscheidung eingebunden. Inwieweit das zur Findung der finalen Aufstellung beigetragen hat, ist leider nicht bekannt. Erfolg brachte es in diesem Fall allerdings ebenfalls nur geringfügig, nach einer 2:0-Führung reichte es am Ende nur für ein 2:2-Unentschieden.

Oral lebte Einsatz und Siegeswillen vor. Mit der Absicht, dass die Spieler stets ihr Ziel vor Augen haben, bekam jeder mal ein Schweißband mit seinem Namen und dem erklärten Saisonziel »Platz 1«. Vielleicht war es dieser starke Glaube an den Erfolg, der auch die Spieler mitriss und alles geben ließ. Etwas kurios war natürlich auch der berühmte Gang durch die Waschstraße. Doch dazu später mehr.

Gestoppt durch Viktoria

Ein FSV-Sturm fegte durch die Oberliga. Es war die Saison 2006/07, Oberliga Hessen, Trainer war Tomas Oral. Rein von den Ergebnissen her wird diese Saison als eine der absolut erfolgreichsten in die Geschichtsbücher des Fußballsportvereins eingehen. Spieler wie Bernd Winter, Renato Levy, Matthias Hagner oder Aziz Bouhaddouz standen in dieser Saison für den FSV Frankfurt auf dem Platz. Und die gaben mächtig Gas – sagenhafte zwölf Siege wurden zum Beginn der Saison eingefahren und so stand der FSV nach diesen zwölf Spieltagen mit der maximalen Punkteausbeute an der Spitze der Tabelle.

Zwar hießen die Gegner »nur« FC Schwalmstadt, Buchonia Flieden, Eintracht Frankfurt II und Bayern Alzenau, aber auch diese Gegner mussten erst einmal geschlagen werden. Von 1:0 bis 5:0 waren alle Ergebnisse vertreten. Ein Wahnsinnsstart. Der FSV toppte mit diesen zwölf Siegen den bisherigen Oberliga-Startrekord. Dieser stammte aus der Saison 2003/04 und von Darmstadt 98. Mit acht Punkten Vorsprung war der FSV Tabellenführer vor Viktoria Aschaffenburg.

Doch auch eine Siegesserie kann eines Tages enden. Sie endete an Spieltag 13 ausgerechnet in Aschaffenburg. Dort, wo Trainer Tomas Oral einst als Spieler aktiv war. Das Spiel begann verhalten und ausgeglichen. Es dauerte bis zu Minute 68, bis die Gastgeber durch Ermin Melunović in Führung gingen. Es sah fast nach der ersten Niederlage aus, doch dazu kam es nicht. Stürmer Thomas Brendel, nach seinem verletzungsbedingten Ausfall erstmals wieder dabei, kam in die Partie und markierte den Ausgleich zum 1:1. Zwar nicht gewonnen, aber weiterhin ungeschlagen. Aschaffenburgs Trainer drückte es im Anschluss so aus, dass er den Rest der Liga nur als Zuschauer betrachte. Und dennoch wolle er abwarten, bis der FSV Fehler mache. Dies wies Trainer Oral allerdings von sich: »Wir werden uns mit Sicherheit keine Blöße geben, so wie im letzten Jahr«.[22] Recht sollte er behalten.

Völlig unbeeindruckt davon legte der Fußballsportverein erneut los und startete eine neue Serie. Zwar war auch mal das eine oder andere Unentschieden dabei, allerdings wurde kein Spiel verloren. Dann kam der 30. Spieltag. Der FSV Frankfurt war bereits seit zwei Spieltagen Meister. Der Gegner an diesem Tag – Viktoria Aschaffenburg. Und tatsächlich kam es an diesem Spieltag zur ersten Saisonniederlage, die Viktoria schlug den FSV mit 3:1. Aschaffenburg, die Achillesferse des FSV Frankfurt. Am Ende war dies auch nicht weiter schlimm. Der FSV wurde mit 18 Punkten Vorsprung auf (wie soll es anders sein) Viktoria Aschaffenburg und einer Tordifferenz von plus 61 Meister und stieg in die Regionalliga auf. Eine solch beeindruckende Saison hat es beim FSV Frankfurt selten gegeben.

---

22 Seitz, Annette „Das erste Fleckchen auf der Weste", Frankfurter Rundschau, 16.10.2016

Ballmert: von der Fußballschule zu den Profis

Es gibt wohl kaum noch einen Fußballverein, der es nicht anbietet: Fußballschule, Feriencamp, Fußball-camp. Wie es auch heißen möge, das System dahinter ist ähnlich: Der Nachwuchs soll in einem ein- bis zwei-wöchigen Kurs während der Schulferien spielerisch die Grundlagen des Fußballs erlernen. Ob Technik, Koordination, Torschuss oder diverse Spielformen, aufgeteilt in Gruppen entsprechend dem Alter, wird den Jungen und Mädchen einiges geboten. Trainiert werden die Kids in erster Linie von ehemaligen Fußballprofis und erfahrenen Jugendtrainern.

Auch der FSV Frankfurt bietet eine Fußballschule an und das seit 20 Jahren. In den hessischen Oster-, Sommer- und Herbstferien finden die Kurse am Standort PSD Bank Arena am Bornheimer Hang statt. Seit einigen Jahren gibt es zusätzlich noch einen Sommerkurs im Ausland, Termine an anderen hessischen Stützpunkten, On-Tour-Termine am Wochenende, Torwarttage sowie wöchentlich stattfindende Termine zum Förder-training (spezielle Einheiten in kleineren Gruppen). Die vom ehemaligen FSV-Fußballprofi Bernd Winter aufge-baute Fußballschule genießt große Beliebtheit und stei-gert ihren Erfolg jährlich. Nachdem Bernd Winter Mitte 2015 Co-Trainer der Bundesligamannschaft des FSV Frankfurt (neben Cheftrainer Tomas Oral) wurde, über-nahm sein Mitarbeiter Markus Husterer (ebenfalls ehe-maliger Profi des FSV) die Leitung der Fußballschule.

Seitdem ist die Fußballschule stets weitergewachsen und noch immer erfreut sie sich steigender Beliebtheit bei Kids und Eltern. Die Kurse in Frankfurt sind stets schnell ausverkauft, viele Kids sind dabei so genannte Wiederholerkinder, also Kinder, die den Kurs bereits zuvor besucht haben. Das Konzept funktioniert.

Es war 2007, als ein junger Bursche die Fußballschule der Bornheimer besuchte. Mit 13 wurde Markus Ballmert von seinen Eltern in die Oster- und Sommerkurse gesteckt. Sein Talent wurde erkannt, aber erst zwei Jahre später wechselte Ballmert vom FC Kalbach in die U17 des FSV Frankfurt.

Er durchlief die Jugendmannschaften der U17 und U19 und stand 2012/13 für die U23 in der Regionalliga Südwest auf dem Platz. Bereits in seiner ersten Saison wurde er Stammspieler und stand in allen Spielen auf dem Platz. Nach zwei Spielzeiten in der zweiten Mannschaft bekam der Abwehrspieler einen Profivertrag und wurde zum »Local Player«. In der Saison 2014/15 war Ballmert Teil des Profikaders des FSV Frankfurt. Am 11. Spieltag war es so weit: der erste Einsatz in der 2. Bundesliga. Der FSV Frankfurt spielte bei Greuther Fürth und beim Stand von 4:2 für den hessischen Gast wurde Ballmert für die letzte halbe Stunde eingewechselt. Es reichte zwar nicht für ein Tor, aber das Debüt lief ordentlich für das Eigengewächs. Im Saisonverlauf kam Ballmert zu drei weiteren Einsätzen. Ab 2015/16 spielte Markus Ballmert im Regionalligateam von Hannover 96, deren Leiter des Nachwuchsleistungszentrums

Nicolas Michaty zuvor Ballmerts Trainer beim FSV war. Nach einigen Jahren beim SV Meppen war Ballmert zuletzt für den FC Bayern Alzenau aktiv. Von der Fußballschule zum Profispieler. Auch eine Art modernes Fußballmärchen.

Stets eine helfende Hand

Wer die Historie des Fußballsportvereins kennt, der weiß, dass der FSV regelmäßig Geldsorgen hat. Er war nie der Verein, der die großen Sponsoren und Gönner anzog und immer mal wieder stand der FSV mächtig nah am (finanziellen) Abgrund. Trotzdem war und ist er sich als Verein aus Frankfurt auch seiner sozialen Aufgabe bewusst.

Bereits seit den Neunzigerjahren engagiert sich der ehemalige FSV-Präsident Bernd Reisig für Bedürftige und insbesondere Obdachlose. Die Aktion mit den Geschenken für Obdachlose gibt es bis heute. Ende der Neunziger ließ es sich Bernd Reisig allerdings nicht nehmen, auch mal ein paar FSV-Geschenke zu verteilen. In den Tüten, die zu Weihnachten für Obdachlose in der Stadt Frankfurt gepackt und verteilt wurden, waren Schals des Fußballvereins. Zwar war davon auszugehen, dass die wenigsten sich auch mal ein Spiel im Stadion anschauen, allerdings wurden wenigstens die Hälse mithilfe des FSV gewärmt.

Aber der FSV hilft nicht nur Einzelpersonen oder Familien, die in Not geraten sind. Er hilft auch anderen Vereinen. Im Frühjahr 2008 war der SV Darmstadt in finanzielle Schieflage geraten. Bereits ein halbes Jahr wurde darüber spekuliert, am 12. März 2008 musste der damalige Oberliga-Verein Insolvenz anmelden. Etwas, das in dieser Zeit noch deutlich dramatischer war als heutzutage, da es einen Lizenzentzug mit Zwangsabstieg nach sich zog. Ohne zu zögern, boten die Vereine im Rhein-Main-Gebiet ihre Hilfe an. So beschloss der FSV Frankfurt, zusammen mit dem SV Wehen Wiesbaden und den Offenbacher Kickers einen »Hessen Cup« durchzuführen, dessen Einnahmen dem SV Darmstadt 98 zugutekommen sollten. Bei diesem »Hessen Cup« handelte es sich um ein Turnier, bei dem jeder gegen jeden spielen sollte. Durch den Besuch von Fans aller vier Vereine sollte eine stattliche Summe zusammenkommen, die dem SVD helfen würde.

Die Offenbacher Kickers gewannen das Turnier. Zwar wurden die Lilien nur Vierter, aber ums Sportliche ging es an diesem Nachmittag ohnehin nicht.

Weitere Aktionen zur Rettung des Vereins sorgten dafür, dass die Lilien knapp 15 Monate später die Insolvenz abwenden konnten und den Antrag zurückzogen. Der FSV Frankfurt hat seinen Teil dazu beigetragen, was die Darmstädter bis heute nicht vergessen haben. Während des Insolvenzverfahrens von Hessen Kassel und dem FSV Frankfurt haben sie ebenfalls ihre Unterstützung zugesagt. Ehrensache.

Eine Liga übersprungen

Im Jahr 2007 war der FSV Frankfurt endlich in die Re-gionalliga aufgestiegen. Sieben Jahre Oberliga Hessen – davon dreimal als Zweiter und einmal als Dritter in der Abschlusstabelle – lagen hinter den Bornheimern. Klar lautete das (Langzeit-) Ziel: »Rückkehr in die 2. Bun-desliga«. Allerdings gab es da ein kleines Problem: Die 3. Liga sollte eingeführt werden, die Regionalligen sich auf drei reduzieren und die Oberliga sollte nur noch die fünfte (statt vierte) Liga sein. Daher lauteten die Vo-raussetzungen: Die ersten beiden der Regionalliga stie-gen in die zweite Liga auf, Platz 3 bis 10 qualifizierten sich für die 3. Liga und der Rest würde in der Regional-liga bleiben. Es würde also acht Absteiger geben, was die Lage für den Aufsteiger aus Frankfurt nicht gerade er-leichterte.

Der Kader des FSV Frankfurt erlebte einen großen Umbruch. Neuzugänge mit Erfahrung in der 1. und 2. Bundesliga konnten die Bornheimer für sich gewinnen. Darunter Spieler wie Markus Husterer (ehemals Ein-tracht Frankfurt und Eintracht Braunschweig), Markus Kreuz (1. FC Köln und Eintracht Frankfurt), Christian Mikolajczak (Schalke 04 und Hannover 96) oder Matías Esteban Cenci (FC St. Pauli und SV Darmstadt). Dazu konnten gestandene Profis wie Bernd Winter, Matthias Hagner oder Sead Mehic gehalten werden. Trainiert wurde das Team bereits in der zweiten Saison von To-mas Oral.

Der Start in die Saison verlief verhalten. Erst am vierten Spieltag konnte der erste Sieg eingefahren werden. Und es blieb eher durchwachsen. Dennoch stand der FSV nach der Hinrunde mit 24 Punkten immerhin auf Rang 7. Völlig in Ordnung für einen Aufsteiger aus der Oberliga.

Im Winter veränderte sich der Kader der Bornheimer auf einer wichtigen Position. Der FC Hansa Rostock tauschte seinen Torhüter mit dem des FSV. Kenneth Kronholm ging an die Ostsee, Patric Klandt kam zurück in seine Frankfurter Heimat und wurde fortan Stammspieler. Florian Schürenberg, der bis dahin im Tor gestanden hatte, bekam keine Einsatzzeit mehr. Mit Patric Klandt als Rückhalt verlor der FSV nur noch ein Spiel. In 15 Spielen kassierte der Schlussmann nur zehn Gegentore und trug damit entscheidend dazu bei, dass der FSV Frankfurt sich am Ende ganz oben wiederfand.

Es kam also zum Showdown in Regensburg. Vor dem letzten Spieltag hatten noch vier Teams die Chance auf die ersten beiden Plätze. Frankfurt, Ingolstadt, Sandhausen und die zweite Mannschaft des VfB Stuttgart (die nicht hätten aufsteigen dürfen) kämpften um den direkten Aufstieg. Nachdem der FSV Frankfurt am 33. Spieltag den direkten Konkurrenten aus Ingolstadt mit 3:1 geschlagen hatte, waren die Voraussetzungen und Form des Teams eindeutig bestens. Aber auch Regensburg (die sich von den Punkten her allerdings schon für die 3. Liga qualifiziert hatten) wollte das letzte Saison- und Heimspiel nicht abschenken. Dem FSV hätte aufgrund des besseren Torverhältnisses ein Unentschieden genügt. Doch der FSV war stärker, wollte mehr und markierte mit einem 2:0 Sieg (Tore durch Dennis Hillebrand und Lars Weißenfeldt) den elften Auswärtserfolg der Saison. Eine enorm starke und verdiente Leistung und der direkte Sprung in die 2. Bundesliga.

Champions League, Europacup und waaaha-has kommt dann?

Vereinshymnen sind ein Thema für sich. Die einen werden zum Highlight jedes Stadionbesuchs, für die anderen möchte man sich einfach nur schämen. Es gibt allseits bekannte Klassiker wie »Stern des Südens« vom FC Bayern, das »Betzelied« des FC Kaiserslautern oder »You'll never walk alone« des FC Liverpool (wahlweise Mainz 05 oder Borussia Dortmund). Songs, die jeder kennt und vielleicht sogar irgendwie mag, auch wenn man mit dem jeweiligen Verein an sich gar nichtsl am Hut hat. Es sind Klassiker wie »wir schwören Stein und Bein, auf die Elf am Niederrhein« oder »Wir sind nur ein Karnevalsverein«, die man schnell mitgrölen kann.

Und dann gibt es noch die Hymnen, die glücklicherweise nicht so bekannt sind. Dummerweise findet man sie direkt, wenn man eine bekannte, große Suchmaschine im Internet nach »schlimmste Hymne« suchen lässt. Es erscheint ein Video, im Bild der Sänger

Prince. Die ersten Töne erklingen und es ist klar, es ist ein Cover seines Liedes »Purple Rain« mit deutschem Text, zugeschnitten auf den FSV Frankfurt. Vermutlich gibt es niemanden, der es auch nur eine Minute lang anhören kann, ohne schallend loszulachen.

Wie es zu dieser Hymne kam, ist leider nicht bekannt. Als Autoren bzw. Komponisten werden Dream-Team feat. Richard Walz genannt. Richard Walz war selbst in der Zweitliga-Saison 1994/95 beim FSV Frankfurt aktiv. Das Lied wurde zum Aufstieg im Jahr 2008 aufgenommen und der ehemalige Manager des FSV, Klaus Gerster, soll der Urheber des Werkes sein. Dass dieses Lied einst wirklich im Stadion zu hören war, ist kaum zu glauben. Glücklicherweise gibt es mittlerweile einige neuere und schönere Kompositionen. Aber die Prince-Coverversion wird auf ewig zu den schlechtesten Hymnen des deutschen Vereinsfußballs gehören. Und wer dieses Lied kennt, wird kaum noch den Prince Song hören können, ohne »FSV« dazu zu singen.

Das ist allerdings lediglich das schlimmste Lied, nicht das Einzige. Und auch nicht das einzige schlimme Lied. In früheren Jahren wurde bereits gedichtet und getextet, was das Zeug hielt. So gab es 1985 ein Gesangsduo aus Frankfurt namens »Mayflower«, zuvor in der Musikbranche recht erfolgreich und als »Holger & Bernadette« bekannt, die ein Lied über den FSV schrieben. Die Melodie, eine alte Single-Melodie von Electrola, ist leider nicht überliefert, der Refrain des Liedes beinhaltete die Frage, woran es liegen möge, dass der FSV keine

Tore kriegt. Zwei Strophen und ein Refrain umfasste der neue FSV-Vereinshit, der auf Musikkassette erworben werden konnte.

Später entstand eine Hymne, die mittlerweile auch gerne im Stadion gespielt und mitgesungen wird. Zusammen mit Fabrizio Levita, der einst durch die Castingshow »Popstars« auf ProSieben als Teil der zusammengestellten Band Overground bekannt wurde, wurde der Song »Schwarz & Blau« in Zusammenarbeit mit den Fans aufgenommen.

Zwischenzeitlich erschien auch noch ein Song in Mundart, ein Zwiegespräch zwischen Opa und Enkel, in welchem der Opa seinem Enkel erklärt, dass es »net nur die Eintracht in uns'rer Stadt am Maa« gäbe. Ein sehr schönes Stück von Liedermacher und Mundartdichter Rainer Weisbecker.

Hymen und Vereinslieder sind stets so ein Fall für sich. Oftmals irgendwo zwischen großartig und unangenehm. Aber manchmal führen sie doch zu einem Lächeln und einem Schwelgen in Erinnerungen.

Mit dem Helikopter zum Training

Bereits während seiner Karriere als Profifußballer war Tomas Oral als Trainer aktiv. Als Spieler des FSV Frankfurt übernahm er ab 2003 den Trainerposten der 2. Mannschaft. Nach zwei Aufstiegen lag nichts näher, als dass Oral nach Karriereende nun die erste Mannschaft trainieren sollte. Ab 2006/07 saß er also auf der Bank der ersten Mannschaft in der Oberliga Hessen.

Nach dem Aufstieg in die 2. Bundesliga im Jahr 2008 gab es allerdings ein Problem: Tomas Oral besaß noch keinen Trainerschein, der für die Profiklasse benötigt wird. Und so wurde er zum Teamchef ernannt. Als Cheftrainer stellte man Ramon Berndroth ein, da dieser die notwendige Lizenz bereits besaß. Parallel startete Oral mit dem Lehrgang zum Fußballlehrer in Hennef, der 10 Monate (44 Wochen) dauern sollte. Diese Ausbildung geht mit einigen Präsenzphasen an der Hennes-Weisweiler-Akademie in Hennef (Nordrhein-Westfalen) einher und so war klar, dass Oral nicht immer anwesend sein konnte, wenn seine Mannschaft auf dem Trainingsplatz stand. Eines ließ er sich allerdings nicht nehmen, und zwar das Abschlusstraining vor dem Spieltag. Um pünktlich anwesend sein zu können, wurde auch mal zu unkonventionellen Mitteln gegriffen. Beispielsweise zu einem Helikopter.

Da kam es gerade recht, dass der FSV Frankfurt genau zu dieser Zeit einen ganz besonderen Sponsor und Partner hatte. In Egelsbach, knapp 20 km vom Stadion des FSV Frankfurt entfernt und ebenfalls nicht so weit vom Frankfurter Flughafen weg, liegt ein kleiner Flugplatz. Hier ist auch die Heli Transair ansässig, ein Luftfahrtdienstleister im Rhein-Main-Gebiet, der Personen- und Frachtflüge ausführt und Hubschrauberpiloten ausbildet. Seit über 30 Jahren gibt es das Unternehmen. Im Juli 2003 wurde Heli Transair nun Partner des FSV

Frankfurt und das unter dem Motto »Heli Transair fliegt auf den FSV Frankfurt«.

Da es an einem Freitagnachmittag über die Autobahn A3 nahezu unmöglich gewesen wäre, pünktlich aus Richtung Köln in Frankfurt zu sein, wurde kurzerhand ein Hubschrauber des neuen Partners eingesetzt. So kam es vor, dass wenige Minuten vor Trainingsstart der Hubschrauber neben dem Trainingsplatz landete und Oral direkt auf sein Team traf. Eine Tatsache, die nach einigen Einheiten allerdings niemanden mehr überraschte und zur Normalität wurde. Tomas Oral beendete den Lehrgang, erhielt die Fußballlehrerlizenz und durfte fortan ganz offiziell eine Profimannschaft als Cheftrainer trainieren.

Mehr Siege im Waldstadion als die SGE

Nicht nur der fehlende Trainerschein des Cheftrainers machte dem FSV zu schaffen, denn es gab ein weiteres Problem: Das Stadion am Bornheimer Hang war zu diesem Zeitpunkt nicht geeignet für diese Aufgaben und so musste um- und ausgebaut werden. Der FSV musste für die Saison 2008/09 also in den Stadtwald ausweichen, in das 51.500 Zuschauer fassende Waldstadion. Ein Stadion, in dem die Zuschauer einen Verein richtig anpeitschen können, wenn die Arena voll ist. Schwierig für einen kleineren Verein wie den FSV, der keine große

Fanszene aufweisen konnte wie der Stadtnachbar. Doch der Umzug war nicht zu umgehen.

Eine Wahnsinnsaufgabe, nicht nur für Spieler, sondern auch die Mitarbeiter des Vereins, die sich erst einmal auf ein viermal so großes Stadion einstellen und alles planen mussten. Wie viele Zuschauer würden wohl kommen? Wie viele Personen für den Ordnungsdienst und die Verpflegung würde man benötigen? Während bei der Eintracht bei einem komplett ausgelasteten Stadion etwa 2.000 Menschen im Catering, Ordnungsdienst etc. beschäftigt werden, wurde aufseiten der Bornheimer mit maximal 10.000 Zuschauern geplant und etwa 250-300 Mitarbeiter.

Die Zuschauerzahlen in dieser Saison waren kaum zu vergleichen, aber selten war so deutlich, wie wenig solche Zahlen aussagen oder gar über Erfolg entscheiden. Der FSV Frankfurt hatte einen Zuschauerschnitt von 7.222 (bei 122.768 Zuschauern laut offiziellen Zahlen der DFL), die Eintracht hingegen konnte einen Schnitt von 47.065 bei ordentlichen 800.100 Besuchern in der Gesamtsaison verzeichnen.

Aber: Am Ende der Saison hatte der FSV 29 Heimpunkte eingefahren, die Eintracht hingegen nur 19 Zähler. Klarer Erfolg für den kleineren Frankfurter Verein, der sich diesen trotz des übergroßen Stadions und verhältnismäßig personenmäßig kleinem Rückhalt der Anhängerschaft erkämpft hat.

Die Saison startete für das Team von Aufstiegstrainer Tomas Oral mit einer Auswärtsniederlage in Ahlen und zwei Heim-Unentschieden gegen Koblenz und Fürth. Erst am fünften Spieltag gelang der 1. Zweitligasieg. Das sollte allerdings nicht bedeuten, dass sich das Blatt wendete. Am siebten Spieltag war der FSV auf den Abstiegsrängen angekommen. Dort hielt er sich bis zur Rückrunde. Sechs Spiele in Folge ungeschlagen bedeuteten, dass man sich wieder herankämpfte. Zwischenzeitlich war der FSV sogar bis auf Rang 11 geklettert. Nach dem 2:1-Heimsieg gegen den FC Nürnberg am 29. Spieltag wurde es gegen Ende hin aber abermals richtig eng.

Letztendlich schloss der FSV seine erste Zweitligasaison mit 38 Punkten auf Platz 15 ab. Und als die Mannschaft, die als Heimteam im Waldstadion in dieser Saison die meisten Punkte gesammelt hatte.

Verrückte Zeiten in der 2. Bundesliga

Mit dem kleinsten Etat aller Vereine in der 2. Bundesliga war klar, dass es für den Fußballsportverein in erster Linie darum ging, irgendwie die Klasse zu halten. Jahr für Jahr, Saison für Saison. Zweimal Platz 15, zweimal Platz 13 sprangen heraus, ehe in der Saison 2012/13 sogar Platz 4 erreicht wurde. Parallel wurde das Stadion am Bornheimer Hang umgebaut und zweitligatauglich gemacht.

Werder Bremen und die Sturzfluten

Ende 2007 startete der Umbau der Nord-, Süd- und Gegentribüne des Stadions am Bornheimer Hang und die Installation einer neuen Flutlichtanlage. Fünfzig Jahre ohne Flutlicht waren unterdessen vergangen. Zur Erinnerung: Anfang der 1960er Jahre war die Stadt Frankfurt aufgrund der Geldnot des Bornheimer Fußballvereins Eigentümerin des Stadions am Bornheimer Hang geworden und hatte die vorhandenen Flutlichtmasten abbauen und an der Rennbahn am Waldstadion wiederaufbauen lassen. Dabei sollte es für lange Zeit bleiben.

Im Herbst 2007 fiel der Startschuss für den ersten größeren Umbau, der auch die Installation einer neuen Flutlichtanlage umfassen sollte. Bis zu diesem Zeitpunkt war das Stadion am Bornheimer Hang, welches ab 2006 den Schriftzug des neuen Namensgebers Frankfurter Volksbank trug, ein Leichtathletik-Stadion mit Laufbahn. Diese wurde im Zuge des Umbaus entfernt, sodass das Spielfeld zugunsten der besseren Sicht und Nähe zum Rasen um vier Meter verlegt werden konnte.

Mit einem großen Festakt wurde am 23. Juli 2009 das umgebaute Stadion mit einem Spiel gegen den UEFA-Cup-Finalisten SV Werder Bremen eingeweiht. Der FSV hielt gut mit und zeigte, dass er sich bei der Eröffnung seines neuen Stadions nicht aus selbigem schießen lassen wollte. Größere Probleme als mit dem Gegner hatten die Frankfurter jedoch mit dem Wetter. Sintflutartige Regenmassen machten es wahrlich schwer, eine ansehnliche Partie zu zeigen.

Dummerweise sind die Stehränge - wie auch heute noch – nicht überdacht, was einige Zuschauer des ausverkauften Stadions dazu bewog, frühzeitig den Gang nach Hause anzutreten. Und da liefen sie ernsthaft Gefahr, eine kleine Überraschung zu verpassen, denn zunächst hatten die Gastgeber Chancen, ein Tor gegen die mit vielen Stars angereisten Bremer zu erzielen. So hätte Matthew Taylor eventuell das erste Tor des Tages erzielen können, wäre er von Oualid Mokhtari nicht übersehen worden. Im Gegenzug trafen die Norddeutschen in Gestalt von Hugo Almeida, allerdings erst kurz vor dem Pausenpfiff.

Während die Teams auf dem Rasen gegen die Wassermengen kämpften, wurde auch draußen versucht, sich gegen den Regen zu stemmen. Da das Spiel vom Hessischen Rundfunk live übertragen wurde, waren allerhand Übertragungswagen mit Satelliten vor Ort. Und die Technik war so gar nicht vom Wetter begeistert und ging in die Knie. Das Signal konnte nicht mehr zum Funkhaus geleitet werden.

Zwar wurde darüber nachgedacht, das Spiel abzubrechen, aber die Verantwortlichen entschieden sich gegen diesen Schritt. Die Bremer gingen kurz nach dem Seitenwechsel durch Philipp Bargfrede mit 2:0 in Führung. Klare Sache, sollte man meinen. Es sollte bis kurz vor Schluss dauern, bis der FSV Frankfurt in der 81. Minute das Tor traf. Pa Saikou Kujabi wurde die Ehre zuteil, das erste Tor im neu eröffneten Stadion zu erzielen. Eines der wenigen Tore, die Kujabi in seinem Jahr beim FSV Frankfurt erzielte. Aber gewiss eines, an das man sich erinnert.

Eine gute Nachricht gab es im Nachhinein immerhin noch: Nur die Live-Übertragung des Spiels war gescheitert, das Filmen und Aufnehmen glücklicherweise nicht. Und so konnte man sich das Spiel immerhin in der Wiederholung anschauen.

Ärger um Hans-Jürgen Boysen

Der FSV hatte die erste Zweitligasaison auf Platz 15 beendet und auch die zweite war bereits in vollem Gange. Doch auch der Start in die neue Spielzeit verlief nur mit mäßigem Erfolg. Nach sieben Spielen hatte der FSV lediglich einen Punkt eingefahren. Zu wenig, wenn man die Liga erneut halten wolle. Am achten Spieltag wurde immerhin ein weiterer Punkt aus einem Unentschieden gegen den 1. FC Kaiserslautern eingefahren. Der FSV war Tabellenletzter.

Nach dieser Partie trat Trainer Tomas Oral überraschend zurück. Er wollte der Mannschaft neue Impulse geben. Etwas, mit dem zu diesem Zeitpunkt niemand gerechnet hatte. An diesem Samstag im Oktober 2009 stand sein Nachfolger noch unter Vertrag, doch Hans-Jürgen Boysen, Trainer der Kickers Offenbach, kündigte nur wenige Tage später und heuerte beim FSV an.

Das führte zu großem Unmut bei den Offenbachern, denn Boysen habe offiziell zum 30. November gekündigt und dürfe daher ein neues Engagement vor diesem Datum nur mit Zustimmung seines bisherigen Arbeitgebers antreten. Diese Zustimmung hatte er offensichtlich nicht eingeholt. Der OFC stellte sich quer, verwies auf die Absprache und dass Boysen ja zum 1. Dezember anfangen könne. Schadensersatz steht im Raum, denn das Verhalten sei eindeutig wettbewerbswidrig gewesen. Nachdem man sich auf beiden Seiten von einem Rechtsanwalt hatte beraten lassen, erteilen die Kickers am Ende die Freigabe. »Die Verdienste von Boysen sind größer als der Ärger über seinen Wechsel[23]«, sagte Kickers-Vizepräsident Thomas Kalt.

Nur wenige Tage später leitete Boysen erstmals das Training des Tabellenletzten der 2. Bundesliga. Nach einigen Neuverpflichtungen wie Vlad Munteanu und

---

23 Durstewitz, Ingo, „Drama unter Nachbarn", Frankfurter Rundschau 27.01.2019

Torjäger Sascha Mölders schloss der FSV die Saison erneut auf Rang 15 ab. Zur neuen Spielzeit gab es einen größeren Umbruch, den Trainer Boysen zusammen mit dem sportlichen Leiter Uwe Stöver einleitete. Nur noch vier Spieler der Vorsaison standen in der Stammelf: Torhüter Patric Klandt, Verteidiger Christian Müller, Spielmacher Jürgen Gjasula und Stürmer Sascha Mölders. Ergänzt wurde das Team durch ambitionierte Nachwuchsspieler und erfahrene ehemalige Erst- und Zweitligaspieler. Und das sollte funktionieren. Neben dem FC Erzgebirge Aue war der FSV Frankfurt das Team der Hinrunde. Nach einem siebten Platz in der Winterpause konnte der FSV vier Spieltage vor Saisonende den Klassenerhalt feiern.

Die guten Leistungen konnten allerdings nicht in die nächste Spielzeit mitgenommen werden. Am 17. Dezember 2011 entließ der FSV Frankfurt seinen Trainer Hans-Jürgen Boysen. Für ihn übernahm Benno Möhlmann.

Klassenerhalt serienmäßig

Auch im zweiten Jahr in der 2. Bundesliga sollte das Ziel »Klassenerhalt« heißen. Erstmals konnte der Fußballsportverein dabei wieder an seiner eigenen Spielstätte spielen, denn nach dem Umbau war das Frankfurter Volksbank Stadion endlich fertig.

Die Saison begann sportlich mit einem Knall. Bereits am zweiten Spieltag fand sich der FSV am Tabellenende wieder, schied zudem im DFB-Pokal gegen Borussia Mönchengladbach aus. Nach acht Spielen verkündete Trainer Tomas Oral seinen Rücktritt. Hans-Jürgen Boysen übernahm das Traineramt, aber der Erfolg stellte sich zunächst nicht ein. Zum Ende der Hinrunde war der FSV noch immer am Tabellenende und hatte bereits sechs Punkte Rückstand auf das rettende Ufer. In der Winterpause gab es erneut einen Knall. Der Kader wurde ausgedünnt, Spieler wurden suspendiert, Matías Esteban Cenci verließ den Verein. Dafür kamen Vlad Munteanu (vom VfL Wolfsburg) und Sascha Mölders (von Rot-Weiß Essen) nach Frankfurt.

Zwei herbe 0:5-Klatschen musste der FSV noch hinnehmen, bis es endlich bergauf ging. Mit einem Sieg beim SC Paderborn am 20. Spieltag startete der FSV eine Serie mit drei Siegen und vier Unentschieden. Bis zum Saisonende gab es nur noch zwei Niederlagen. Langsam aber stetig kämpfte sich der FSV raus, war allerdings noch lange nicht gesichert, da auch die Konkurrenz punktete.

So kam es am letzten Spieltag zum Showdown. Der FSV Frankfurt traf zuhause auf die TuS Koblenz. Koblenz war mit 30 Punkten bereits abgestiegen, der FSV mit 37 Punkten auf dem 15. Platz, Rostock mit 36 direkt dahinter. Rostock musste zeitgleich gegen Düsseldorf ran. Um die Klasse zu halten, musste der FSV daheim gewinnen. Bei jedem anderen Ergebnis hing es davon ab, wie sich Hansa parallel schlug. Es war ein echtes Herzschlagfinale. Das erste Tor erzielten allerdings die Gastgeber. Edmond Kapllani – damals in Diensten der TuS – zog aus 20 Metern ab, Gledson fälschte unhaltbar ab und der Ball lag im Tor. Zwar versuchte der FSV alles, um schnell auszugleichen, aber alle Versuche scheiterten. Die besten Chancen hatte Torjäger Sascha Mölders, dem mehrfach der Pfosten im Weg stand. Zwischenzeitlich war das Spiel in Düsseldorf aufgrund Ausschreitungen und aufs Spielfeld fliegender Feuerwerkskörper unterbrochen worden. Ein Fakt, der später noch heftig an den Nerven von Fans und Spielern des FSV zerren sollte.

FSV-Geschäftsführer Bernd Reisig hatte schon in der Pause versucht, gegen diese Ungerechtigkeit vorzugehen. Er suchte das Gespräch mit den Unparteiischen und bat darum, dass die zweite Hälfte zeitgleich mit der 2. Halbzeit in Düsseldorf beginne. »Es ist nicht in Ordnung, dass so ein Spiel wegen randalierender Fans 17 Minuten unterbrochen wird und wir pünktlich anfangen müssen«[24] so Reisig. Alles Bitten half nichts, die DFL lehnte ab, der FSV musste pünktlich zurück aufs Spielfeld.

Zur zweiten Hälfte stellte Trainer Boysen um, ging volles Risiko. Man wollte die Saison nicht mit einer Niederlage beenden. Was der FSV bereits in der ersten Halbzeit gezeigt hatte, war durchaus sehenswert.

---

24 www.fr-online.de/sport/1-1-gegen-tus-koblenz-fsv-frankfurt-haelt-die-zweite-liga,1472784,4454818.html

»Druckvoll, zielorientiert – der Wille, nicht von einem Patzer der Rostocker in Düsseldorf abhängig zu sein, war spür- und sichtbar«[25]. Und so spielte der FSV mit einer Dreierkette und einer verstärkten Offensive. Es dauerte lange, aber der FSV belohnte seine gute Leistung. Sead Mehic gelang der Ausgleich in der 90. Minute, 1:1 und das Spiel war zu Ende.

Das Spiel in Düsseldorf dauerte allerdings noch fast 20 Minuten. Eine lange Zeit, in der die Fans auf den Rängen zitterten, die Spieler auf dem Rasen saßen, das Spiel im Radio verfolgten und warteten. Es war bekannt, dass Düsseldorf 2:0 geführt und Rostock auf 2:1 verkürzt hatte. Würde sich Rostock erneut aufbäumen und die Relegation verhindern? Zwanzig bange Minuten im Frankfurter Stadion. Um 17:10 Uhr war es amtlich: Hansa Rostock hatte verloren; der FSV beendete die Saison als 15. und sicherte sich im zweiten Jahr in Folge den Klassenerhalt in der 2. Bundesliga. Es gab Freibier für die Fans, Nichtabstiegs-Shirts für die Mannschaft. Die Aufschrift vorne »The Godfather uff Rückrunde« und hinten »Der neue FSV, mit Zweitliga-Garantie, jetzt serienmäßig«.[26]

---

25 Ebd.
26 Ebd.

Keeper mit Gelbsperre

Dass Torhüter sich gelbe Karten einfangen, kommt nicht so häufig vor. In der Regel kommt es eher zu härteren Spielsituationen, die direkt einen Platzverweis nach sich ziehen. Doch es gab in der Geschichte der Bundesligen einige Torhüter, die es geschafft haben, sich (mehrfach) eine Verwarnung mit einer gelben Karte einzuhandeln und sogar deswegen zuschauen zu müssen. Der erste Torwart, der fünf gelbe Karten gesammelt hat und somit für ein Spiel gesperrt wurde, war Gerald »Gerry« Ehrmann im Jahr 1987. 2008 schaffte das erstmals auch einer in der 2. Bundesliga, nämlich Sascha Kirschstein als Torwart von Greuther Fürth.

Nur zwei Jahre später passierte dies auch beim FSV Frankfurt. Patric Klandt schaffte es, 2009 einmal Rot und 2010 fünfmal Gelb zu sehen. Beide Sperren bewirkten, dass Klandt in beiden Spielzeiten jeweils nur 33 statt 34 Spiele für den FSV Frankfurt absolvierte. Schlimm fand er dies allerdings nicht und sagte dazu, dass er alles für den Verein gebe.[27] Eingehandelt hat er sich die gelben Karten für Zeitspiel, Wegschlagen des Balls, für ein Foul an Gabór Király, für Meckern und für einen Rempler gegen ihn, für den allerdings beide Spieler Gelb bekamen.

Ein wenig ärgerlich war die Sperre in der Saison 2009/10, da sie zu einem denkbar ungünstigen

---

27 Zitiert nach: www.torwart.de/Frankfurt-P-Klandt.5097.0.html

Zeitpunkt kam. Sieben Spieltage waren noch zu absolvieren und der FSV rangierte auf Platz 16, war akut abstiegsgefährdet, aber immerhin punktetechnisch noch nicht abgeschlagen. Die Sperre trat im Spiel gegen den FC Union Berlin ein. Patric Klandt wurde vertreten von Daniel Ischdonat, der seine Sache sehr ordentlich machte und dem FSV drei Punkte sicherte. Das sollte übrigens auch der einzige Zweitligaeinsatz für Daniel Ischdonat als Torwart des FSV Frankfurt bleiben.

Nach der Sperre schickte Trainer Hans-Jürgen Boysen Patric Klandt wieder zwischen die Pfosten. Mit einem letzten Aufbäumen schaffte es der FSV allerdings, aus den verbleibenden sieben Spielen immerhin noch zwölf Punkte mitzunehmen. Lediglich das Spiel gegen Arminia Bielefeld wurde verloren, sonst wäre man sogar ungeschlagen gewesen. Am letzten Spieltag reichte dem FSV ein 1:1 gegen die TuS Koblenz, da der direkte Konkurrent Hansa Rostock sein Spiel verlor und damit nicht mehr am FSV vorbeiziehen konnte.

Auch im Jahr davor kam der Ersatztorwart nur dank der Sperre zum Einsatz. Marjan Petković wurde eingewechselt, nachdem Patric Klandt nach einer Notbremse in der 64. Minute des Feldes verwiesen wurde und stand in der folgenden Partie gegen den 1. FC Kaiserslautern erneut im Tor. Auch für Petković sollte dies der einzige Liga-Einsatz für den FSV Frankfurt sein.

Einmal wie Bud Spencer

Um Zuschauer anzulocken, griff der FSV Frankfurt in den vergangenen Jahren auch öfter mal zu unkonventionellen Methoden. Lustig, anders, eigensinnig, aber vor allem auffallend. Manch eine Kampagne blieb bis heute in den Köpfen hängen. Dazu gehörte die Aktion »Vier Spiele für ein Halleluja« in Anlehnung an den Film-Klassiker »Vier Fäuste für ein Halleluja«.

In der Saison 2009/10 spielte der FSV seine zweite Zweitligasaison nach dem spektakulären Durchmarsch von der Oberliga ins Fußball-Unterhaus innerhalb von zwei Jahren. Nachdem sich der FSV im ersten Jahr gerade so gerettet hatten, stand er auch im zweiten Jahr eher auf wackeligen Beinen. Die Werbetrommel wurde gerührt und tief in der PR-Kiste gewühlt. Unterstützung in Form von mehr Zuschauern sollte her.

Der FSV baute auf die Unterstützung einer Werbeagentur, die bereits seit einigen Jahren Partner des Vereins war. Heraus kam die Aktion »Vier Spiele für ein Halleluja«, eine Ticketaktion für die verbleibenden vier Heimspiele gegen Union Berlin, RW Oberhausen, den FC Augsburg und die TuS Koblenz. Alle Interessenten konnten sich Karten für vier Spiele zum Preis von zwei sichern. Damit sollten zusätzliche Zuschauer angelockt werden, um die Mannschaft bestmöglich zu unterstützen und lautstark anzufeuern.

Doch damit nicht genug, wurde die Aktion richtig groß aufgezogen. Plakate, Videos, Funk und Fernsehen. Der

FSV ließ sich nicht lumpen und machte für die Aktion ein Fotoshooting in den Studios des Hessischen Rundfunks. Die FSV-Spieler Jürgen Gjasula und Alexander Klitzpera wurden wie Cowboys gekleidet und geschminkt und stellten in Bud Spencer und Terence Hill Manier Szenen nach, die auf Werbeplakate gedruckt wurden. Auch ein passendes Motto zierte die Poster »Der FSV ballert sich raus«. Natürlich berichteten auch die regionalen Zeitungen darüber, außerdem waren Klitzpera und Gjasula in der Sendung »Heimspiel« im HR-Fernsehen zu Gast.

Vorab darf verraten werden: Für vier Siege in den verbleibenden vier Heimspielen reichte es trotz der zusätzlichen Zuschauer nicht, aber immerhin für zwei Siege und zwei Unentschieden. Der FSV rettete sich auf Tabellenplatz 15 und hielt auch im zweiten Jahr in der 2. Bundesliga die Klasse. Ob das nun an einigen zusätzlichen Fans lag oder nicht, sei dahingestellt. Aber Kreativität haben die Macher der Aktion bewiesen und allein aus Gründen der Sympathie für den FSV und für solche Ideen war der Klassenerhalt mehr als verdient.

Die Begegnungsstätte

Unterhält man sich über das Stadion am Bornheimer Hang, so kommt es irgendwann unweigerlich zu einem Thema: die Sitztribüne, die irgendwie zu lang ist. Was genau ist das? Und vor allem: Was soll das?

Die Gegentribüne ist ein gutes Stück länger, als sie sein sollte. Sie hört nicht an den Stehrängen der angrenzenden Südtribüne auf, womit das Stadion jeweils zwei gleichlange Seiten hätte und rechteckig wäre. Nein, die Gegentribüne ist deutlich länger, sodass es so wirkt, als habe das Stadion an einer Ecke einen kleinen Zipfel. Hierüber wird sich oft und gerne lustig gemacht. Doch was wie ein Unfall aussieht, war geplant.

Die sogenannte Begegnungsstätte ist teilweise überdacht und ermöglicht Fans und Zuschauern, sich außerhalb des Stadions hinzusetzen, etwas zu essen, zu trinken oder einfach das Wetter zu genießen.

Auf der Internetseite des Architekten heißt es »Sitzstufen am Vorplatz bieten ein attraktives Angebot für Wartende«. Es war also kein Baufehler, sondern durchaus beabsichtigt, wie vielerorts bösartig behauptet oder gar ins Lächerliche gezogen wird. Möglich wurde dieser Zusatzbau auch durch eine Verschiebung der Rasenfläche. Ursprünglich war das Stadion ein Leichtathletik-Stadion mit Laufbahn. Durch den Wegfall der Laufbahn konnte der Rasen vier Meter Richtung Haupttribüne verschoben werden. So gab es auch mehr Platz für die Gegentribüne. Außerdem entstand der große Vorplatz, der mittlerweile nach Richard Herrmann benannt wurde, dem FSV-Teilnehmer an der Weltmeisterschaft 1954.

Ungewöhnlich sind diese Stufen allemal. Es gibt kaum ein Stadion in den Profiligen Deutschlands, bei dem die Zuschauer die Möglichkeit haben, sich draußen irgendwo hinzusetzen, ohne zuvor das Stadion mit einer Eintrittskarte betreten zu müssen. Aber es gibt noch andere Punkte, in denen sich das Stadion am Bornheimer Hang von anderen Stadien unterscheidet.

Vergleicht man es beispielsweise mit dem Waldstadion, so durchläuft dort jeder Zuschauer zwei Punkte, an denen die Karte kontrolliert wird. So ist es generell in den meisten Stadien – eine Kontrolle am Stadioneingang und eine Zweite direkt am Block. Beim FSV hingegen ist man nach der ersten Kontrolle im Stadion und bereits auf den Rängen. Der FSV Frankfurt spart mit diesem Konzept Zeit und Personal und somit am Ende Geld. Durch weniger Kontrollpunkte wird viel weniger Personal im Ordnungs- und Sicherheitsdienst benötigt. Überhaupt gibt es am Stadion nur vier Zugänge, jeweils einen pro Tribüne, wobei der Zugang an der Haupttribüne auch Zufahrt für den Parkplatz direkt am Stadion ist. Genau genommen hat die Südtribüne zwei Eingänge, allerdings wird der zweite in der Regel nicht genutzt.

Das Eingangs- und Ordnerkonzept ist an sich sehr ökonomisch gedacht, führt allerdings zu Problemen, wenn kurz vor Anstoß zu viele Zuschauer gleichzeitig den Eingang passieren wollen. Menschenmengen, die auch einige Minuten nach Spielbeginn noch vor den Toren zu finden sind, sind da keine Seltenheit. Grund hierfür ist allerdings in der Regel weniger die Anzahl der Eingänge, als eher der Fakt, dass viele Zuschauer zu spät zum Stadion kommen (was wiederum besonders an Freitagsspielen auch der Anstoßzeit geschuldet ist).

Streit um die Stadionbeflaggung

Die Saison 2009/10. Der FSV Frankfurt war frisch aus der Oberliga durchmarschiert und kam mit dem Umbau seines Stadions am Bornheimer Hang gar nicht hinterher. Die Folge: Beim Umbau musste der Turbo eingelegt werden und dies bedeutete, das Stadion würde zur kompletten Baustelle werden. Der Fußballsportverein konnte nicht mehr in Bornheim spielen, damit der Umbau in aller Ruhe vollzogen werden konnte. Eine Ausweichspielstätte musste her und so zog der FSV in den Stadtwald, ins Stadion des großen Nachbarn. Niemand war sicher, ob das für das erste Jahr in der 2. Bundesliga so schlau sein würde. Anderes Stadion, unbekannte Umgebung, enorm viele Ränge und bei Weitem nicht so viele Zuschauer, wie hineinpassen würden. Für einen Verein, der die zweite Liga gern halten würde, nicht die beste Idee, aber zu diesem Zeitpunkt alternativlos.

Die Planungen schritten voran und man machte sich Gedanken, wie die Heimspiele des FSV Frankfurt im Waldstadion aussehen sollen. Wie würde man kenntlich machen, wer gerade hier spielt? Um das gesamte Gelände herum gibt es 44 Fahnenmasten. Diese zieren in der Regel nur Fahnen der Frankfurter Eintracht. Nun gab es die Überlegung, Fahnen beider

Teams hälftig aufzuhängen. Vonseiten der Bornheimer kein Problem, aber die Eintracht als Hausherr meldete Bedenken an, hatte gar die Fahnen der Bornheimer vor dem eigenen Heimspiel einfach abgehängt – ein Streit entbrannte. Der Streit wurde jedoch eher medial angeheizt, als dass er »in echt« vorhanden war. Seitens des FSV warf man der Eintracht vor, sich nicht an Absprachen zu halten. Man selbst habe kein Problem damit, wenn die Flaggen der SGE hängen blieben.

Es kam zu einer neuen Idee: Zu den Spielen die Fahnen des jeweiligen Teams aufhängen und zwischen den Spielen die Flaggen beider Vereine. Doch wer hängt die Flaggen auf und wieder ab und vor allem, wer zahlt das? Eine dieser Fahnen lag preislich bei 400 Euro, fraglich, wie lange sie nutzbar bleiben, wenn sie alle paar Tage auf- und wieder abgehängt werden. Und so spekulierte eine große Zeitung, dass es im Ganzen zu Kosten von bis zu 50.000 Euro kommen könnte. Ein absoluter Irrsinn und bei diesem vermeintlichen Problem kein bisschen angemessen.

Nach einer Presseerklärung und Meldung auf der Website des FSV Frankfurt mit den Worten, dass der FSV doch nur Ruhe wolle, es gebe kein Problem und man sei stolz, mit der Eintracht einen Bundesligisten in seiner Stadt zu haben, mit dem man sich das Stadion teile, war das Thema beendet. Der guten Stimmung zwischen den Vereinen tat dies keinen Abbruch.

Das Phantomtor

Die Torlinientechnik ist seit einigen Jahren ein Thema, das gerne zu Diskussionen führt. Tor oder kein Tor, Foul oder kein Foul, Aus, oder nicht? Immer mal wieder gibt es Entscheidungen eines Schiedsrichters, die im Nachhinein angezweifelt werden bzw. sich als falsch herausstellen. Da allgemein die Meinung vorherrscht, diese Fehlentscheidungen würden sich häufen, wurde bereits 2012 durch das International Football Association Board (kurz IFAB) die Einführung der Torlinientechnik beschlossen. Seit der Saison 2013/14 kommt die Torlinientechnik in der englischen Premier League zum Einsatz; bei der Weltmeisterschaft 2014 in Brasilien wurde sie erstmals bei einem großen Turnier genutzt.

Einige Kuriositäten hat es dank Fehlentscheidungen von Schiedsrichtern schon gegeben. Zu denen, die eine gewisse Portion Absurdität mit sich bringen, zählen unter anderem die bekannten Phantomtore von Thomas Helmer (FC Bayern München, 1994) oder Stefan Kießling (Bayer Leverkusen, 2013). Bekannt ist außerdem das sogenannte »Wembley-Tor« beim Endspiel der Weltmeisterschaft 1966 zwischen England und Deutschland in England. Das Spiel fand im Londoner Wembley Stadion statt, weswegen das Phantomtor auch so benannt wurde. Der Schuss ging an die Latte, prallte ab, landete vor der Linie und sprang vom Tor weg. Kein Tor, allerdings wurde dennoch auf Tor entschieden. Der Schiedsrichter selbst hatte es gar nicht gesehen und

zunächst auf Abstoß entschieden, doch nach Rückspra-
che mit dem Linienrichter wurde das Tor gegeben.

Am 17. Januar 2010 kam es in der 2. Bundesliga
zum ersten Phantomtor in der Geschichte. Daran beteiligt: der FSV Frankfurt. Das erste Spiel im neuen Jahr
und der FSV zu Gast beim MSV Duisburg. Doch der
Start ins neue Fußballjahr sollte nicht allzu gut verlau-
fen. Der MSV kam besser in die Partie, führte bereits zur
Pause mit 2:0 durch die Tore von Srdjan Baljak und
Ivica Grlić. Auch nach dem Wiederanpfiff setzte sich der
Fußballsportverein kaum zur Wehr und kassierte erneut zwei Gegentreffer. Es kam die 81. Minute: Torhüter Patric Klandt schoss den Ball etwas überhastet zurück, der landete genau vor dem aufs Tor zulaufenden
Christian Tiffert, der von kurz vor Beginn des Straf-
raums einfach mal abzog. Der Ball landete an der Latte,
prallte ab und schlug einen Meter vor der Linie auf. Tor.
Moment, TOR? Tatsächlich hob der Linienrichter den
Arm und Schiedsrichter Marco Fritz entschied auf Tor.
Die Spieler des FSV waren entsetzt während man sich
aufseiten des MSV eher amüsiert zeigte. Auch die Herren auf der Ersatzbank - zumindest auf der des Gastge-
bers - konnten sich das Lachen nur schwer verkneifen.

Dem übertragenden Fernsehsender Sky zufolge
sollen es um die 1,3 Meter gewesen sein, die der Ball vor
der Linie aufkam. Schon ziemlich deutlich und sehr zum
Unmut von Schiedsrichter-Lehrwart Eugen Strigel.
»Dass der Ball einen Meter vor der Torlinie aufspringt

und auf Tor entschieden wird – das hat es noch gar nie gegeben.«[28]

Einen Protest gegen die Spielwertung zog der benachteiligte FSV Frankfurt allerdings nicht in Erwägung und auch sportrechtlich sah der Deutsche Fußball-Bund keinen Handlungsbedarf, da es zum Zeitpunkt der Fehlentscheidung bereits 4:0 für den MSV stand. Die Spieler nahmen es immerhin gelassen. »Unsere Leistung war heute genauso schlecht wie die des Schiedsrichters«, so FSV-Kicker Sead Mehic nach dem Spiel.[29]

Der FSV nahm diese Situation übrigens im Nachgang mit Humor. Eine Woche später, zum Heimspiel gegen die SpVgg Greuther Fürth, lud der Sportverein ganz offiziell zum »Phantomtor-Gedächtnisschießen« vor der Südtribüne ein. Jeder, der es schaffen würde, aus 18 Metern Entfernung die Latte zu treffen, sodass der Ball vor dem Tor wieder aufspringt (eben genau so, wie es in Duisburg geschehen war) bekam freien Eintritt zum Spiel. Natürlich mit freier Platzwahl und uneingeschränkter Sicht aufs Tor und die Torlinien. Diese Partie verlor der FSV übrigens mit 5:0. Greuther Fürth erzielte allerdings alle Tore rechtmäßig.

---

28 www.spiegel.de/sport/fussball/lattentreffer-in-duisburg-phantom-tor-er-zuernt-schiedsrichter-chef-a-672582.html
29 Ebd.

Für neun Minuten Tabellenführer

Wer keine großen Erfolge und Trophäen sammelt, der lernt, die Kleinen zu schätzen. Das galt in den zwanziger Jahren, als der FSV sich fünfmal in Folge den Wanderpokal sicherte, ebenso wie im dritten Zweitligajahr in der Saison 2010/11. Fulminant war der Fußballsportverein in die Saison gestartet und das trotz erneutem Umbruch in der Mannschaft. Sechzehn Abgängen standen vierzehn Neuzugänge gegenüber. Für einiges Unverständnis hatte dabei besonders Sascha Mölders gesorgt, der zunächst seinen Vertrag um zwei Jahre verlängert hatte, dann aber mit einem Wechsel in die niederländische 1. Liga liebäugelte. Zum Glück für den FSV Frankfurt kam das allerdings nicht zustande und Mölders gab wieder Gas für seinen Arbeitgeber. Und seine Tore sollten noch sehr wichtig werden.

Trainer Hans-Jürgen Boysen hatte seine Männer gut auf die Saison und die Aufgaben eingestellt. Eine gute Mischung aus erfahrenen Profis und Nachwuchsspielern. Die Saison startete mit dem Heimspiel im DFB-Pokal gegen den Ligakonkurrenten SC Paderborn, der mit 2:0 nach Hause geschickt wurde. In Runde zwei war erneut der FSV der Gastgeber, diesmal gab sich der FC Schalke 04 die Ehre. Vor ausverkaufter Kulisse im Stadion am Bornheimer Hang blieb eine Überraschung allerdings aus; der FC Schalke siegte mit 1:0 und der FSV schied aus dem DFB-Pokal aus.

Davor wurden allerdings noch einige Partien in der 2. Bundesliga gespielt. Insbesondere am Bornheimer Hang wurden die Dreier nur so eingefahren. Nach 16 Spieltagen zum 9. Heimspiel und nach sechs Heimsiegen stand dann das Duell mit dem FC Augsburg an. Der FCA hatte Platz zwei inne mit 31 Punkten, der FSV weilte mit 28 auf dem sechsten Platz. Rechnerisch war also alles möglich. Und Tatsache: Es war Sascha Mölders, dem in der 49. Minute das Tor zum 1:0 gelang. Tabellenführer in der 2. Bundesliga und die Führung gegen den Aufstiegskandidaten. Ein tolles Gefühl für die Bornheimer.

Leider sollte dieser Glücksmoment nur ganze neun Minuten anhalten. Der FC Augsburg drehte auf und schließlich auch das Spiel. Nach neun Minuten erzielte Hain den Ausgleich, Oehrl markierte kurz vor Schluss das Siegtor. Am Ende verlor der FSV mit 1:2. Keine Schande gegen den späteren Bundesliga-Aufsteiger aus Schwaben. Der FSV überwinterte später mit 28 Punkten auf Platz 6 der Tabelle.

Reisig: Ende mit einem medialen Knall

Wenn einer in Frankfurt bekannt ist, dann er. Ein Tausendsassa, aber »nicht Everybody's Darling«[30]. Bernd Reisig, Frankfurter durch und durch. Während seiner

---

30 www.anstoss-magazin.de/download/anstoss-01.pdf

Ausbildung zum Maschinenschlosser bei der Bundesbahn managte er Nena und veranstaltete Konzerte. Im Juli 1994 kam er zum FSV Frankfurt, zunächst als Vizepräsident, ab 1996 als Präsident und später als Manager und Geschäftsführer.

1994 war der FSV gerade in die 2. Liga aufgestiegen, stieg allerdings als Tabellenletzter direkt wieder ab. Damit nicht genug, konnte sich der FSV auch in der Regionalliga nicht halten. In diesen Jahren hatte der Verein mit einigen Schwierigkeiten zu kämpfen. Finanzielle Probleme, dazu ständige Wechsel auf Führungspositionen wie der des Präsidenten oder auch der des Cheftrainers. Erst nach dem zweiten Abstieg im Sommer 1996 kam wieder etwas Ordnung hinein, als eine vereinsinterne Prüfungskommission unter der Führung von Bernd Reisig das Ruder übernahm und den drohenden Konkurs abwenden konnte. Unter Reisig wurde der Verein finanziell gesünder und setzte sich zu Beginn der 2000er Jahre in der viertklassigen Oberliga fest.

Doch Reisig strebte nach höheren Zielen für seinen FSV Frankfurt. Ab der Saison 2004/05 zählte der FSV zu den Favoriten in der Oberliga. Man wollte endlich wieder in den Profifußball zurück. 2007/08 und mit dem ehemaligen Profi Tomas Oral als neuem Trainer sollte dies auch gelingen. Alles nahm seinen Lauf, größere Sponsoren wie die Frankfurter Volksbank (damaliger Namensgeber des Stadions) und Hyundai (Haupt- bzw. Trikotsponsor) kamen, der Stadionausbau begann.

Als der FSV Frankfurt zum 1. Januar 2009 seine Fußballabteilung ausgliederte und zu einer Kapitalgesellschaft wurde, wurde Bernd Reisig Geschäftsführer der neu gegründeten Fußball GmbH. Zudem gab es ab diesem Zeitpunkt vier Abteilungsleiter für die Bereiche Finanzen und Lizenzierungen (Clemens Krüger), Organisation und Recht (Jens-Uwe Münker), Sport (Uwe Stöver) sowie Marketing (Heiko Schelberg). Auch der weitere Ausbau des Stadions war ein wichtiges Thema für den Klub, der die Heimspiele seines ersten Zweitligajahres im Waldstadion ausgetragen hatte. Im Zuge dessen kam es zu Unstimmigkeiten zwischen Geschäftsführer Reisig und dem zuständigen Sportdezernenten Markus Frank. Gut 1,5 Jahre später hatte Reisig die Nase voll. Jahre später sagte er im Rahmen eines Interviews, dass er nicht mehr daran glaubte, dass der Um- und Ausbau wie geplant oder überhaupt noch durchgeführt werden würde. Bereits einige Tage vorher spekulierten die Medien wild um dieses Thema. Würde Reisig nach sechzehn Jahren in diversen Funktionen beim FSV wirklich hinwerfen? Das erschien alles andere als vorstellbar, galt Reisig doch als »der Vater des Erfolgs« und das Gesicht des Bornheimer Fußballvereins.

Aber genau so sollte es kommen. Am 10. Dezember 2010 gab Reisig im Rahmen einer Pressekonferenz im Stadion am Bornheimer Hang unter den Augen aller regionalen und überregionalen Medienvertreter seinen Rücktritt bekannt. »Ich trete nicht zurück, weil ich verloren habe. Ich trete zurück, weil ich keine Kraft mehr habe, um diesen wunderbaren Verein weiterzuführen. Ich bedauere das sehr, weil der FSV ein Teil meines Lebens ist«.[31] Und besagte Medienvertreter ließen es sich nicht nehmen, den FSV in eine schwere Führungskrise zu schreiben. Doch wer den FSV kennt, der weiß, dass auch diese vermeintliche Krise aus eigener Kraft überstanden und bewältigt werden würde. Bereits wenige Tage später stellte der FSV Frankfurt seine neue Geschäftsführung vor. Es sollte eine interne Lösung mit drei Leitern werden. Die bisherigen Prokuristen Clemens Krüger und Jens-Uwe Münker sowie der Leiter Sport Uwe Stöver bildeten die neue Geschäftsführung des FSV für die Bereiche Finanzen, Organisation und Sport.

Geiselnahme im Stadion

Es war die Saison 2012/13. Der FSV Frankfurt spielte unter Trainer Benno Möhlmann die beste Saison der jüngeren Vereinsgeschichte. Wenige Spieltage vor Saisonende war kurzzeitig sogar der Sprung auf die Relegationsplätze zur Bundesliga möglich.

Während der Schlussphase dieser Saison beschlossen einige Fußball- und FSV-Begeisterte aus dem Frankfurter Stadtteil Gallus, einen Fanklub zu gründen. Die Mitglieder des Fanklubs *Hatschongelb* zeichneten

---

31 www.bundesliga.de/de/liga2/news/fsv-geschaeftsfuehrer-reisig-tritt-zu-rueck_0000170685.jsp

sich in erster Linie dadurch aus, dass sie sich selbst nicht so ernst nahmen. So hat jedes Fanklubmitglied eine ganz spezielle Funktion wie »Weltgeistbeauftragte«, »Chefideologe« oder »Lottofee«. Anzumerken sei außerdem, dass Geschäftsführer Leon zum Zeitpunkt der Gründung gerade einmal elf Jahre alt war. Und der Humor der *Hatschongelb* -Mitglieder machte auch vor ungewöhnlichen Aktionen nicht Halt.

Der FSV empfing zum letzten Heimspiel am 12. Mai 2013 den VfL Bochum. Der Sprung auf Rang drei war nur noch theoretisch möglich, da der Rückstand bereits fünf Punkte betrug und so wollte man seitens der Frankfurter die grandiose Saison mit einem Heimsieg zu Ende bringen und zusammen mit den Anhängern feiern. Es war wohl kurz vor Ende der Partie (die der FSV mit 3:1 für sich entschied), als ein weibliches Mitglied des Fanklubs in den Katakomben des Stadions auf das Kostüm des Maskottchens Franky stieß. Da der Kopf des zwei-Meter-Plüschtiers etwas zu groß für eine herkömmliche Handtasche war, schnappte sie sich den Fuß und nahm ihn kurzerhand mit.

Als kurze Absicherung erkundigte sich der Fanklub bei der Fanbetreuung, wie es um das Spaßverstehen der Geschäftsführung bestellt sei und zack, die Geiselnahme war perfekt. Kurz darauf wurde ein Forderungskatalog erarbeitet, der an die Geschäftsführung des FSV gemailt wurde. Betreff: »Wenn Ihnen Ihr Maskottchen

Franky lieb und teuer ist, dann lesen Sie das«.[32] Der nicht so ganz ernst gemeinte Inhalt umfasste 12 Forderungen, so beispielsweise, dass das Team kommende Saison in schwarz-blau spielen muss, dass Franky Pizza und Cola bekommt und dass der Fanklub sich auf ein Bier mit Trainer Benno Möhlmann treffen möchte. Geschäftsführer Jens-Uwe Münker ließ sich den Spaß nicht nehmen, auf die Sache mit einem zwinkernden Auge zu reagieren. Natürlich wurde zunächst betont, der FSV sei nicht erpressbar und notfalls würde das Maskottchen eben mit einer Fußprothese auflaufen. Die Forderung nach Cola und Pizza wurde mit dem Verweis auf den eh schon etwas hohen Body-Maß-Index des Maskottchens abgeschmettert, während sich das Thema schwarzblaue Trikots ja von sich aus erledigt. Und was das Bier mit dem Trainer angehe, so sei dies eventuell machbar, natürlich nur, wenn der Fanklub es bezahle.

Nach einigen E-Mails hin und her kam es im Rahmen des Trainingsauftakts zur neuen Saison zu einem Treffen zwischen *Hatschongelb* in Form von Jürgen Roth (von Beruf Autor) und Michael Stein sowie dem FSV Frankfurt in Persona des Kapitäns Björn Schlicke, Geschäftsführer Jens-Uwe Münker und natürlich Franky, dem Maskottchen. Nach einer kurzen Ansprache trug Jürgen Roth ein selbst erstelltes Gedicht vor – die »Ode an den FSV«.

---

32 www.fnp.de/lokales/frankfurt/Ein-wahrer-Fussball-Krimi;art675,564068

Im Anschluss daran kam es zur Übergabe des Fußes sowie eines Präsentkorbs für den Geschäftsführer des Bundesligisten, gespickt mit gelben Artikeln wie einem Klebestift, Sonnenblumenöl, Bananen und dergleichen.

Frankfurt im Herzen

Frankfurt ist einzigartig in Deutschland. 20 der 21 in der Bundesrepublik existierenden Wolkenkratzer stehen in der Mainmetropole. Auch die Skyline, die maßgeblich durch diese Wolkenkratzer geprägt ist, ist einzigartig und etwas Besonderes. Und das ist nicht das einzige, wodurch sich Frankfurt abhebt. Denkt man an andere große deutsche Fußballstädte wie Hamburg, Berlin oder München, so fallen einem mehrere Fußballvereine ein. Und damit auch Rivalität. Die Anhänger des einen Vereins gönnen dem jeweils anderen gar nichts, außer vielleicht den Abstieg.

Auch Frankfurt hat zwei »große« Vereine, zwei Klubs in den vier besten Fußballligen. Aber keinen Hass. Gewiss mag nicht jeder Eintracht-Fan den FSV und nicht jeder FSV-Anhänger die Eintracht, aber richtiger Hass existiert weitgehend nicht mehr. Das ist für Außenstehende kaum vorstellbar und noch immer gibt es viele Leute, die davon ausgehen, dass es bei einem weiteren Aufeinandertreffen feurig zugehen wird. Aber weit gefehlt.

Das war früher ganz anders. Vor einhundert Jahren herrschte ein Kampf zwischen den beiden Vereinen, der sich über viele Jahrzehnte ziehen sollte. Der FSV war stets bemüht, sich gegen die Eintracht durchzusetzen. Zumindest sportlich gelang dies auch oft. Der letzte Derbysieg gegen die SGE in einem Pflichtspiel datiert allerdings vom 9. Oktober 1955, was natürlich auch dem geschuldet ist, dass beide Vereine seitdem kaum noch aufeinandertrafen.

Sportlich messen konnten sich die Vereine zum ersten Mal wieder in der Saison 2011/12, als beide in der 2. Bundesliga anzutreffen waren. »Kuschelderby« hätte man es wohl nennen können. Vom einstigen Hass war kaum etwas übrig. Beide Vereine brachten sogar ihren einen Freundschaftsschal anlässlich des Spiels heraus. Auf dem Schal des FSV Frankfurt war zu lesen »Wir sind alle Frankfurter Jungs und Mädcher« und auf der Rückseite »Fußballstadt«; auf dem der Eintracht »Frankfurt ist Fußball – 21. August 2011 Derby«.

Außerdem wurde eine Art Kampagne ins Leben gerufen: »Zwei Herzen in einer Brust«. Initiiert wurde diese von Oliver Rasch, Marketingexperte, ehemaliger Geschäftsführer des FSV Frankfurt und glühender Anhänger der Frankfurter Eintracht. Und des FSV Frankfurt. Die Idee hierzu gab es schon einige Monate vor dem direkten Duell, aber durch die gemeinsame Zugehörigkeit zur 2. Bundesliga lebte sie richtig auf. Neben T-Shirts gab es auch ein großes Banner, das seitdem bei allen Duellen im jeweiligen Stadion dabei war.

Das Verhältnis zwischen den Frankfurter Vereinen macht irgendwo auch stolz. Es zeigt, dass im Fußball nicht immer nur Hass und Rivalität vorherrschen müssen, sondern es zeitweise ebenso kuschelig zugehen kann. Rasch, der selbst schon in den 80er und 90er-Jahren mit dem FSV Frankfurt unterwegs war, kennt beide Fanszenen sehr gut und war sich sicher, dass diese Kampagne sehr gut ankommen wird. Man kennt sich, man schätzt sich.

Selbst wenn Außenstehende von den Ligaduellen in der Saison 2011/12 dank der Dominanz der Eintracht eher gelangweilt waren, so waren diese Stadtderbys trotzdem etwas ganz Besonderes. Eben wie die Mainmetropole selbst.

Erfolgstrainer Benno Möhlmann

Benno Möhlmann übernahm das Traineramt von Hans-Jürgen Boysen an Weihnachten 2011. Der FSV Frankfurt stand zu dieser Zeit mit nur 14 Punkten (zwei Siege, acht Unentschieden) auf dem 16. Platz. Um das Ruder noch einmal herumzureißen, musste etwas geschehen. Und unter Möhlmann sollte auch etwas passieren.

In der Rückrunde verlor der FSV Frankfurt daheim kein einziges Spiel mehr. Mit 21 erzielten Punkten belegte der FSV am Ende Platz 10 der Rückrundentabelle und sicherte sich mit 35 Punkten Rang 14 der Abschlusstabelle. In sieben Partien vor heimischem Publikum wurden 13 Punkte eingefahren. Das sollte allerdings erst der Anfang sein.

Die Saison 2012/13 begann. Erstmals gingen einige Spieler nicht mit dem Gedanken an den Abstiegskampf in die Saison, wie Zafer Yelen später in der Saison in einem Interview zugab. Eben ausnahmsweise voller Hoffnung und Zuversicht. Vermutlich war dies auch Trainer Möhlmanns Verdienst, der bereits in der abgelaufenen Rückrunde gezeigt hatte, was in dieser schwarzblauen Mannschaft steckt. So ging es mit neuer Einstellung in die neue Saison. Und die begann mit einer Serie ungeschlagener Spiele. Einem Unentschieden bei Aufsteiger SV Sandhausen folgte der unerwartete 3:1-Heimsieg gegen Hertha BSC. Erst am siebten Spieltag verlor der FSV sein erstes Spiel. Zwar gab es in der Folge keine vergleichbare Serie mehr, aber der FSV sammelte Punkt um Punkt und beendete die Hinrunde mit 24 Punkten auf Rang 8. Da ging aber noch mehr.

Die Rückrunde startete verhalten, aber der FSV ließ sich nicht beirren und konnte zeitweise von Patzern der Konkurrenz profitieren. Ab dem Heimspiel gegen Union Berlin am 27. Spieltag startete das Team wieder durch: Vier Siege, ein Unentschieden.

Es kam zum Showdown beim 1. FC Kaiserslautern. Es war DAS Spiel des Jahres. Mit einem Sieg auf dem Betzenberg wäre der FSV am FCK vorbeigezogen und auf Rang drei gesprungen. Da hatten die Kaiserslauterer aber etwas dagegen, immerhin wollten sie unbedingt wieder in die 1. Bundesliga aufsteigen. Und so spielten sie auch. Es dauerte nur eine Halbzeit und das Spiel war gelaufen. Bereits zur Pause führte der FCK deutlich mit 4:0. Viel sollte sich daran auch nicht mehr ändern, immerhin ein Ehrentreffer gelang Edmond Kapllani nach Vorlage von Nils Teixeira noch.

Aus den beiden letzten Spielen holte der FSV noch vier Punkte und beendete die beste Saison auf einem sagenhaften vierten Tabellenplatz! Dem FCK gelang der Aufstieg später allerdings auch nicht. In der Relegation scheiterten die Pfälzer an 1899 Hoffenheim. Selten konnte man in Bornheim so unfassbar stolz auf die Mannschaft sein! Eine sensationelle Saison dank Benno Möhlmann.

Der Ligaalltag wird härter

Die überdurchschnittlich gute Saison konnte leider nicht wiederholt werden. Die Mannschaft fand sich am Ende der Spielzeiten 2013/14 und 2014/15 auf Platz 13 wieder. Und das nicht ganz geräuschlos. Wenige Tage vor dem letzten Spieltag im Mai 2015 gab es einen Trainerwechsel von Benno Möhlmann zurück zu Tomas Oral. Dieser schaffte gerade so den Klassenerhalt. Man versprach sich viel von dem ehemaligen Erfolgs- und Aufstiegstrainer. Doch die Saison 2015/16 sollte sportlich noch schlimmer werden.

Wir treiben ihnen den Teufel aus!

In den Zweitligaspielzeiten von 2012/13 und 2013/14 hatte der FSV Frankfurt DIN A1-Spielankündigungsplakate zum Spieltag, die die Spiele eher ungewöhnlich bis unkonventionell ankündigten.

In den Jahren zuvor hatte sich der FSV auf Ankündigungen beschränkt, die lediglich die Wappen des FSV und des jeweiligen Kontrahenten sowie den Termin des Spiels zeigten. Klar, das ist auch Werbung, aber nach einer Weile fallen diese Plakate nicht mehr richtig auf, wenn sie stets gleich aussehen. Etwas Neues musste her. So entschied man sich aufseiten des FSV Frankfurt zur Saison 2012/13 dazu, die Plakate komplett anders zu gestalten. Ab sofort zierten ein Foto eines Spielers bzw. einer Spielszene plus dazu passendem Spruch die Plakate zur Spielankündigung. Hierfür packte der FSV einiges an Kreativität aus. Start war das Heimspiel gegen Hertha BSC mit dem Spruch »Handkäs statt Buletten – wir sind härter«. Zwar mit einem Augenzwinkern garniert, aber es kam gut an und der FSV gewann am Ende sogar das Duell mit dem großen Klub aus der deutschen Hauptstadt.

Es folgten viele Plakate, mal lustiger, mal weniger lustig, aber stets kreativ. »Bulle gegen Bär – Eisern FSV« (gegen Union Berlin), »Ihr bekommt die Förmchen, wir die Punkte« (SV Sandhausen), »Almabtrieb in Bernem« (Arminia Bielefeld) oder »Nix zu haben für die Schwaben« (VfR Aalen) – mal bezogen auf den Gegner, mal auf die aktuelle sportliche Situation war für das eine oder andere Schmunzeln gesorgt. Allerdings schaffte es der FSV auch, über das Ziel hinauszuschießen.

Im ersten Jahr der Plakate fuhr man gerne mal wohin, um Fotos zu machen. So ging man beispielsweise mit Fanbetreuer Jürgen Eimer auf die Berger Straße und ließ ihn lasziv an einer Straßenlaterne hangeln. Zum Spiel gegen den FC St. Pauli entstand so eines der besten Plakate mit dem Spruch »Berger Straße meets Reeperbahn«. Mit Abwehrspieler Tim Heubach wurde für das Plakat gegen den 1. FC Kaiserslautern die Heilig-Kreuz-Kirche in Bornheim besucht, direkt oberhalb des Bornheimer Hangs und somit in Sichtweite zum Stadion. Positioniert mit Talar und Rosenkranz, hielt Heubach die Taktik-Fibel. Der Spruch dazu: »den Pfälzern den Teufel austreiben«.

Plakatiert wurden die Litfaßsäulen der Stadt am Ende allerdings damit nicht. Grund hierfür war eine Beschwerde eines Sponsors, auf die man von Seiten des FSV Frankfurt Rücksicht nahm, wie Pressesprecher Matthias Gast später dem Sport-Informations-Dienst mitteilte. Da dieses Plakat ausgerechnet das Spiel zur Eröffnung der neuen Haupttribüne ankündigen sollte und somit für große Aufmerksamkeit sorgen würde, entschied man sich um, stampfte das Poster ein und wählte etwas Neutrales mit Hinweis auf die neue Tribüne und deren Einweihung. Dem Andrang zu diesem Spiel gegen den 1. FC Kaiserslautern tat dies keinen Abbruch. Aufmerksamkeit hatte man allemal durch diese Aktion erlangt und noch heute soll Gerüchten zufolge das eine oder andere Exemplar dieses Plakats im Umlauf sein.

Gastfreundschaft wird großgeschrieben

In den Statuten der Deutschen Fußball-Liga (DFL) ist festgelegt, dass ein Heimverein seinem Gast (mindestens) zehn Prozent an Eintrittskarten zur Verfügung stellen muss. Diese zehn Prozent beziehen sich dabei auf die Gesamtkapazität des jeweiligen Stadions. Das sind in Dortmund über 8.000 Karten, in Sandhausen etwa 1.500.

Im Stadion am Bornheimer Hang sind zehn Prozent gute 1.250 Karten. Würde man das Stadion gemäß den vier einzelnen Tribünen aufteilen, käme man allein schon auf über 3.000 Plätze pro Seite. Zudem ist bekannt, dass auf Stehrängen deutlich mehr Menschen Platz finden als auf einer reinen Sitzplatztribüne. Laut Website des FSV Frankfurt umfasst das Stadion 8.403 nicht überdachte Stehplätze, aufgeteilt auf die Blöcke N und O auf der Südseite (Heim) sowie F und G im Norden (Gast). Entsprechen etwa 4.200 pro Seite. Allein an Stehplätzen. Dazu kommen in Block H nochmal um die 400 Sitzplätze.

Der FSV stellt den Gastvereinen gerne mal um die 3.000 bis 3.500 Karten zur Verfügung, wenn die Möglichkeit besteht, dass dieses Kontingent auch benötigt wird. In den vergangenen Zweitligajahren haben besonders Vereine mit großer Fanbasis wie der 1. FC Kaiserslautern, Fortuna Düsseldorf, der 1. FC Nürnberg oder der FC St. Pauli hiervon profitiert. Wenn Vereine mit weniger Anhängern anreisen, ist das eher zum Nachteil der Frankfurter. Die Blocke F und G auf der Nordtribüne sind ein großer Block. Zwar besteht die Möglichkeit die Blöcke zu trennen, allerdings ist das eher unpraktisch und aufwändig. Zudem wird der Zugang über Block F als Zugang für den gesamten Block genutzt. Eine strikte Trennung der Blöcke und Eigennutzung für den FSV gestaltet sich daher eher schwierig. Also bleibt der FSV einer der gastfreundlichsten Vereine im Profifußball. Im Zuge dessen wurde der FSV Frankfurt sogar einmal ausgezeichnet. Die Supporterorganisation der Fanklubs des 1. FC Union Berlin ehren bereits seit 2008 jährlich den fanfreundlichsten gegnerischen Verein mit dem JWD-Pokal. JWD steht dabei für »jut war't, danke«. Im Jahr 2013 wurde der FSV Frankfurt damit ausgezeichnet und das nicht nur wegen der Gastfreundlichkeit bei einem gemeinsamen Duell, nein, der FC Union bzw. dessen Fans wollte sich damit für die angenehmen Stadionbesuche über viele Jahre bedanken. Der Pokal wurde im Rahmen des Duells des FSV mit dem FCU in der Saison 2013/14 übergeben.

Aktenzeichen xy ... richtige Zeit, richtiger Ort

Im Herbst 2013 lief es sportlich für den FSV Frankfurt nicht so rund. Und auch in diesen Phasen benötigten die Spieler Zeit, sich vom Alltag mit ein bis zwei Trainingseinheiten am Tag ein wenig zu erholen und sich einen schönen Abend zu machen.

So dachten auch Denis Epstein und Sören Pirson und wollten sich in einer Frankfurter Diskothek eine gute Zeit machen und ein wenig von ihrem sportlichen Alltag abschalten. Auf dem Weg dorthin sahen sie, wie ein am Boden liegender Mann geschlagen und getreten wurde. Die beiden Kicker schritten ein und retteten dem Mann damit eventuell sogar das Leben. Epstein packte einen der Angreifer und hielt ihn fest, Pirson rief währenddessen die Polizei. Noch während sie warteten, kamen weitere Mannschaftskameraden hinzu. Die Angreifer konnten zunächst fliehen. Epstein lief ihnen hinterher und beobachtete, dass sie in eine nahegelegene Kneipe gingen und gab diesen Hinweis an die Polizei weiter. Die Täter konnten festgenommen werden.

Das Opfer, ein Geschäftsmann aus Frankfurt, erlitt einige Verletzungen. Schlimmeres konnte dank des couragierten Eingreifens der beiden FSV-Profis allerdings verhindert werden. Später wurde dieser Fall in der bekannten ZDF-Sendung »Aktenzeichen xy … ungelöst«, welche als erstes »True Crime«-Format gilt, aufgegriffen und filmisch nachgestellt.

Für die beiden Fußballer gab es später eine Nominierung für den »XY-Preis 2015«, wodurch der Fall einmal mehr der Öffentlichkeit bekannt wurde. Bereits seit 2002 wird der Preis, der unter der Schirmherrschaft des Bundesinnenministeriums steht, an couragierte Personen verliehen, die sich auf besondere Weise für ihre Mitmenschen eingesetzt haben. Am Ende sollte es für einen Platz unter den drei Preisträgern nicht reichen, aber trotzdem haben sich die beiden Fußballer mit ihrer Zivilcourage Respekt verdient.

Die Wappendiskussion

Kaum etwas hat die Gemüter so sehr erhitzt, wie »die Wappendiskussion«. Ein Thema, welches zeigen sollte, wie laut eine kleine Fanszene werden kann. Im Juli 2014 überlegte sich die damalige Geschäftsführung, dass es an der Zeit sei, den Verein ein wenig zu modernisieren. So kam es im Rahmen einer neuen Marketingkampagne zu einer Überarbeitung des Vereinswappens durch eine Werbeagentur. Der Unterschied zum langjährigen Wappen war enorm. Aus dem bekannten Wappen mit Wolfsangel in Blau, Schwarz und Rot war ein Logo geworden, welches man eher einer Automarke zuordnen würde. Mit einer Selbstverständlichkeit ging man seitens des FSV damit an die Öffentlichkeit und vermeldete, dass dieses neue Wappen zur Saison 2015/16 eingeführt werde.

Der Sturmlauf von Fans und Mitgliedern ließ nicht lange auf sich warten. Ein Mitglied stellte einen Antrag auf Aufnahme des Wappens in die Satzung des Vereins. Etwas, das eigentlich längst überfällig war. Damit wäre eine Änderung nur mit der Zustimmung der Vereinsmitglieder möglich. Die Diskussion über die geplante Änderung wurde in den folgenden Wochen immer hitziger. Auch der ehemalige Manager Bernd Reisig schaltete sich ein und tat seinen Unmut via Presse kund.

Die Krönung der Geschichte war dann allerdings ein verbaler Ausfall, der auf Facebook zu lesen war. Im Rahmen einer Diskussion, in welche sich einer der ehemaligen Geschäftsführer einmischte, als es darum ging, dass die Fans eine solche Veränderung mitbestimmen sollten, fiel der Satz »Fans? Welche Fans? Die 38, die trotz tausendfacher Bitten auswärts in vier Gruppen zu zehnt auseinanderstehen?«. Die Aussage spielte auf die damaligen Unstimmigkeiten zwischen den Fangruppen an.

Und spätestens da eskalierte das Ganze so richtig. Mit einer solchen Aussage tat er sich keinen Gefallen und es trug auch nicht dazu bei, die Fans und Mitglieder auf seine Seite zu ziehen.

Es war übrigens nicht das erste Mal, dass das FSV-Wappen für Gesprächsstoff sorgte. Grund hierfür ist die Wolfsangel, die im Wappen enthalten ist und aus dem Stadtteilwappen von Bornheim stammt. Das Symbol war einst Erkennungsmerkmal einer Jugendorganisation, welche im Jahr 1982 verboten wurde. In Verbindung mit einer verbotenen Organisation ist die Verwendung der Wolfsangel strafbar. Jedoch gibt es auch zahlreiche Stadt- und Vereinswappen welche die Wolfsangel beinhalten und deren Verwendung nicht strafbar ist. Das hat allerdings insbesondere bei Auswärtsspielen in Bayern häufiger zu Problemen bei den Einlasskontrollen geführt. Wegen des Vorwurfs des Tragens »nationalsozialistischer Symbole« gab es vereinzelt vorläufige Festnahmen. Hier mussten Fans und Fanbetreuung ein ums andere Mal Aufklärungsarbeit leisten.

Zurück zum aktuelleren »Wappengate«. Die Mitglieder stimmten im Rahmen der Jahreshauptversammlung im November 2014 ab. Für die Aufnahme des Wappens in die Vereinssatzung gab es keine erforderliche Mehrheit, sodass das Wappen bis heute kein Teil der Satzung ist. Auf Antrag des Präsidiums wurde darüber abgestimmt, ob das neue Wappen eingeführt werden solle. Dies wurde per Abstimmung von den anwesenden Mitgliedern abgelehnt. Es blieb alles beim Alten.

Das geplante neue Wappen war kurioserweise noch bis ins Jahr 2024 im Markenregister verzeichnet und geschützt. Da war man wohl ein wenig zu optimistisch!

Die FSV-Fünf-Minuten

Es gibt wenig Typisches, wofür der FSV Frankfurt bekannt ist und was ihm klar zuzuschreiben wäre. Wenn man etwas nennen müsste, so wäre es in der einen oder anderen Spielzeit eindeutig die Auswärtsstärke. Hier konnte der Verein einige Male überraschen. In der Saison 2014/15 war genau diese Stärke auch der Grund für den späteren Klassenerhalt. Zu Beginn der neuen Spielzeit war es dann aber etwas Anderes, was den FSV – wenn auch nur über wenige Wochen – ausmachte: Dieser unbändige Wille, ein Spiel nicht zu verlieren. Dieses »Phänomen« trat erstmals bei der Partie des FSV daheim gegen Union Berlin auf. Union ging kurz vor der Halbzeitpause in Führung. Mit Toren durch Zlatko Dedič und Shawn Berry in der 52. und 55. Minute drehte der FSV zunächst das Spiel, ehe Union zum 2:2 ausglich. In der 90. Minute war es Dani Schahin, der den FSV zum Heimsieg schoss.

Der nächste Streich gelang bei Aufstiegsaspirant 1. FC Nürnberg. Hier hatte man im Vorjahr gewonnen, ging entsprechend locker in die Partie. Erst tat sich auch wenig, bis Nürnberg in der 57. Minute leider der Führungstreffer gelang. Das Spiel war eigentlich schon fast vorbei und verloren, als ein Pfiff ertönte und es gab Elfmeter für den FSV. Die Kritik im Nachhinein war harsch: erzwungen, unverdient, ungerechtfertigt. War in diesem Moment egal, schließlich eine Tatsachenentscheidung. Zlatko Dedič verwandelte den Elfer, den Besar Halimi durch seinen Sturz verursacht hatte. Die reguläre Spielzeit war längst vorbei. Ausgleich in allerletzter Sekunde.

Seinen absoluten Höhepunkt erlangte dieses »Wunder von Bernem«-Phänomen beim Heimspiel gegen den VfL Bochum! Der FSV – seit langer Zeit nicht mehr für Heimstärke bekannt – lag früh mit 0:2 zurück. Die fünfte Niederlage im siebten Heimspiel schien besiegelt. Hätte man denken können. Doch so kam es nicht. Es dauerte bis zur 68. Minute, bis der FSV so richtig aufdrehte und Bochum an die Wand spielte. Gerade einmal drei Minuten benötigten die Bornheimer, um alles auf Anfang zu setzen. Zwei Tore durch Zlatko Dedič und Florian Ballas und es stand 2:2. In der 87. Minute erzielte Edmond Kapllani den Treffer zum 3:2-Sieg. Und was für ein Ding. Selten hatte man beim FSV Frankfurt solch ein kurioses Tor gesehen. Kapllani, gerade eingewechselt, kam während eines Zweikampfs im Strafraum mit zwei Bochumern zu Fall. Schon fast auf dem Boden sitzend, erwischte er noch den Ball und bugsierte ihn hinter sich ins Tor. Grenzenloser Jubel am

189

Bornheimer Hang. Solch eine Moral muss man erst einmal beweisen. Eindeutig eines der spielerisch und kämpferisch besten Spiele in dieser Saison.

Dank Torwartbock zum Auswärtssieg

Die Saison 2014/15 war ein ziemlicher K(r)ampf beim FSV Frankfurt. Dennoch gab es stellenweise auch Highlights. Im Mai 2014 war ein Verein in die Zweite Bundesliga aufgestiegen, der sich von anderen Vereinen stark unterschied. Dieser Klub war RB Leipzig. Gesponsort von Getränkehersteller Red Bull, hat dieser Verein vor allem eines nicht: Geldsorgen. Aber dafür umso mehr Ambitionen. Ambitionen, in die 1. Bundesliga aufzusteigen.

Am vierten Spieltag traten die Leipziger nun in Bornheim an und erkämpften sich ein 0:0. Zu diesem Zeitpunkt war RB nach einem furiosen Start in die 2. Liga mit zwei Siegen und einem Unentschieden bereits Tabellenführer. Damals liefen Spieler wie Joshua Kimmich, Rani Khedira, Emil Forsberg oder Davie Selke für RB auf. Es war also klar, wohin der Weg führen sollte. Im Februar 2015 stand das Rückspiel auf dem Plan. Der FSV war zu diesem Zeitpunkt auf Rang 11 zu finden, RB allerdings auch nur auf Rang 7.

Kurz zuvor hatte es bei RB einen Trainerwechsel gegeben. Achim Beierlorzer löste als Interimstrainer den zu erfolglosen Alexander Zorniger ab und stellte das

Team auf einigen Positionen um. Die Leipziger setzten alles daran, dieses Spiel zu gestalten und einen Sieg einzufahren. Ein ums andere Mal kamen sie vors Tor, konnten ihre Chancen allerdings nicht nutzen.

Auch nach der Halbzeitpause war die Dominanz der Heimmannschaft deutlich zu spüren. Bis zu dem Moment, als der Leipziger Georg Teigl zu Torwart Fabio Coltorti zurückspielen wollte. Der Schuss des Keepers verfehlte allerdings den eigenen Mann und landete genau vor Odise Roshi. Der Schweizer schnappte sich den Ball und erzielte das 1:0 in der 58. Minute für die Gäste aus Bornheim.

Obwohl Leipzig es weiter versuchte und sich Chance um Chance erarbeitete, sollte es an diesem Tag einfach nicht sein. Der FSV Frankfurt gewann – ziemlich überraschend – sein Auswärtsspiel bei RB Leipzig und war vermutlich niemals in ganz Deutschland beliebter als an diesem Nachmittag im Februar 2015.

Rekordspieler Patric Klandt

Kaum eine Nachricht hat so viele Bornheimer Fanherzen gebrochen, wie diese Meldung im April 2015: Patric Klandt würde den FSV Frankfurt verlassen. Was über Wochen und Monate Thema in Medien, Foren und am Trainingsplatz war, war auf einmal real und konnte in allen Zeitungen nachgelesen werden. Doch fixiert war zu diesem Zeitpunkt noch nichts. Bereits seit einigen

Monaten waren der Zweitligist, Patric Klandt und dessen Berater und ehemaliger Manager und Präsident des FSV Bernd Reisig in Verhandlungsgesprächen. Es ging um Klandts letzten großen Vertrag und beide Parteien taten sich schwer, sich auf Dauer und Gehalt zu einigen. Der FSV wollte zunächst nur zwei Jahre anbieten, dies war der Gegenpartei Medienberichten zufolge allerdings zu wenig. Später schlug der FSV eine automatische Verlängerung nach einer gewissen Anzahl an Einsätzen vor. Etwas, was bei Stammtorwart Klandt höchstwahrscheinlich eingetreten wäre.

Bis zum Schluss hatte der eine oder andere wohl noch Zweifel am finalen Wechsel und Hoffnung keimte auf, dass man sich doch noch einigen könnte – bis die Verpflichtung des Nachfolgers André Weis bekannt gegeben wurde. Dies brachte gegen Ende der Saison 2014/15 und mitten im Abstiegskampf aber vor allem eins: Gewissheit und Ruhe!

Patric Klandt – Rekordspieler des Fußballsportvereins und in den Augen vieler Anhänger DER Spieler des FSV. Der gebürtige Frankfurter war ein absoluter Glücksgriff. Schon immer hatte Klandt in Frankfurt oder der Umgebung gespielt. 2006 wagte er sich vor die Tore Hessens und ging nach Rostock in die 2. Bundesliga. Hansa Rostock stieg am Ende der Saison 2006/07 auf, jedoch ohne Einsatz von Patric Klandt. Der kam selbst nach dem verletzungsbedingten Ausfall von Stammkraft Stefan Wächter nicht bzw. nur in der zweiten Mannschaft in der Regionalliga zum Einsatz und ließ sich in der Winterpause 2007/08 schließlich ausleihen. Der FSV Frankfurt und Hansa Rostock tauschten die Torhüter und Kenneth Kronholm gegen Patric Klandt. Klandt wurde Nummer 1 und der FSV stieg mit ihm in die 2. Bundesliga auf.

Zur neuen Saison wurde Marjan Petković verpflichtet. Er sollte nach dem Aufstieg eigentlich der erste Mann im Tor werden, doch Trainer Tomas Oral entschied sich für Patric Klandt. Eine Entscheidung, die er nicht bereuen sollte.

Abgesehen von einigen verletzungsbedingten kurzzeitigen Ausfällen war der junge Frankfurter in sieben Zweitligajahren stets die unangefochtene Nummer 1 im Tor der Bornheimer. Er gehörte zu den wenigen Spielern, die einen Vertrag für alle drei Profiligen hatten. Insgesamt 255 Spiele hat Patric Klandt für den FSV Frankfurt im Profifußball absolviert.

Auf in die Waschanlage!

Fußballtrainer sind manchmal eine ganze eigene Spezies. Kuriose Typen, eigenartige Ideen, verrückte Maßnahmen – es gibt nichts, was es nicht gibt. Trainer, die mit ihrer Mannschaft ins Kloster gehen, sie boxen lassen, das Hotel oder die Kabinen wechseln oder die Trikots verbrennen und kurzfristig neue anschaffen – hier ist alles möglich. Erlaubt ist, was am Ende Erfolg bringt. Und das kann auch mal unkonventionell werden.

Davon war auch der FSV Frankfurt nicht gefeit. Zwei Trainingslager hatten im Endspurt der Saison 2014/15 unter Trainer Benno Möhlmann nichts mehr bewirkt, die Negativserie wollte einfach nicht enden. Nach dem 33. Spieltag passierte etwas, womit die wenigsten zu diesem Zeitpunkt gerechnet hatten: Nach einer weiteren Heimpleite gegen Union Berlin wurde Trainer Möhlmann entlassen. Am Morgen darauf folgte auch Sportdirektor Uwe Stöver. Er hatte dem Präsidium die Vertrauensfrage gestellt und scheinbar das Gefühl, zu sehr mit den vergangenen Misserfolgen in Verbindung zu stehen. Letztendlich nahm auch er seinen Hut. Und das alles sieben Tage vor dem letzten Saisonspiel!

Tomas Oral, ehemaliger Spieler und Trainer der Bornheimer und seit seiner Rückkehr aus England regelmäßiger Gast auf der Haupttribüne des Stadions am Bornheimer Hang übernahm die Truppe noch am Sonntagabend nach der Niederlage. Mit einem solchen Paukenschlag – nein, mit drei Paukenschlägen – hatten wohl die wenigsten gerechnet.

Doch es kam noch verrückter.

Montagmorgen, der 18. Mai 2015. Das erste Training mit dem neuen Übungsleiter Tomas Oral stand an. Zunächst Ansprache auf dem Platz, dann Lauf im Ostpark. Bekanntes Ziel für die Mannschaft, die hier regelmäßig Laufeinheiten absolviert. Doch statt über den Ratsweg hinweg in den Park einzubiegen, bog Oral auf die Tankstelle an der gegenüberliegenden Ecke ab. Was kam nun? Kaugummis vergessen? Eine Flasche Wasser kaufen? Nein. Die Mannschaft lief mit Tomas Oral durch die Waschanlage.

Nach elf Spielen ohne Sieg sollte sich das Team auf diese Weise von negativen Gedanken reinwaschen und sie dadurch loswerden. »Wir haben kleine Späßchen in der Waschanlage gemacht. Wir sollten die Köpfe freikriegen«[33] so Rechtsverteidiger Alex Huber schmunzelnd. Sozusagen eine Gehirn- und Körperwäsche. Zwar mag das dem einen oder anderen Spieler nicht so gut gefallen haben, aber was zählte war der Teamgedanke. Die Mannschaft musste wieder klar denken, eine Einheit werden und dafür waren alle Mittel und Wege erlaubt.

Mit dieser Aktion schaffte der FSV Frankfurt zunächst eines: Er erlangte bundesweite mediale Aufmerksamkeit. Darüber berichtete jeder. Und auch für Oral war klar, dass er damit einiges riskiert hat. Nicht nur, dass sich jemand erkältet. Und damit startete die Vorbereitung auf das letzte Saisonspiel in Düsseldorf.

Endspiel in Düsseldorf

Endspiel, Finale, Entscheidungsspiel. Oder: wenn es um alles geht. Eines der emotional aufreibendsten Endspiele in der Geschichte des FSV Frankfurt ist noch gar nicht so lange her. Wir schreiben die Saison 2014/15

---

33 www.spox.com/de/sport/fussball/zweiteliga/1505/News/fsv-frankfurt-abstiegskampf-thomas-oral-waschanlage.html

und den 24. Mai 2015. Trainer ist Benno Möhlmann und das seit mittlerweile 3,5 Jahren. Möhlmann, Rekordtrainer in der 2. Bundesliga.

Gerade knapp den Klassenerhalt in der Saison 2013/14 geschafft, zeigte der FSV in der neuen Saison zwei Gesichter. Während der erste Heimsieg erst zum Rückrundenauftakt gegen Heidenheim gelang, wurde auswärts ein Dreier nach dem anderen eingefahren. Und so fanden sich die Bornheimer nach 17 Spieltagen auf Rang 18 der Heimtabelle und Rang Vier (punktgleich mit dem Dritten) der Auswärtstabelle wieder. So genau weiß keiner, woran dies lag. Klar hat der FSV Frankfurt keine riesige Anhängerschaft, die – wie beispielsweise der Stadtnachbar – mit einer deutlich fünfstelligen Anzahl Woche für Woche in der Westkurve des Waldstadions zu finden ist und die Mannschaft antreibt. Je nach Gegner darf man sich Frotzeleien anhören, dass selbst ein Heimspiel der Bornheimer ein Auswärtsspiel sei.

Viele Erklärungsansätze mag es hier geben, doch was genau der Grund war, weswegen sich der FSV eine Zeit lang sportlich auswärts leichter tat, bleibt wohl das Geheimnis der Mannschaft. Vielleicht war auf fremden Plätzen und vor fremdem Publikum der Druck geringer, was die Mannschaft befreiter aufspielen ließ und dadurch mehr Punkte eingefahren wurden als am heimischen Bornheimer Hang.

Dank der auswärtsstarken Hinrunde hatte der FSV Frankfurt bereits einiges an Punkten auf dem Konto und startete gut in die Rückrunde. Noch zwei bis drei Siege und die nächste Saison in der 2. Bundesliga wäre gesichert gewesen. Doch es folgte eine Negativserie: Nach einem Heimsieg am 22. Spieltag fuhr der FSV in elf Spielen nur noch sechs Punkte aus Unentschieden ein. Es wurde richtig knapp. Trainer Möhlmann wurde entlassen und durch den Trainer der Aufstiegssaison Tomas Oral ersetzt. Und so kam es zum Showdown am 34. Spieltag.

Aalen war bereits abgestiegen und für insgesamt sechs Mannschaften ging es noch um alles. Aue, Frankfurt, Sandhausen, 1860 München, Fürth und St. Pauli mussten einen direkten Absteiger und einen Teilnehmer der Relegation unter sich ausmachen. Den wohl schwierigsten Gegner hatten die Münchner mit dem KSC, die noch um den Aufstieg mitspielten. Der FSV hingegen durfte in Düsseldorf ran. Die Fortuna hatte keine gute Saison hinter sich, war allerdings gerettet und ohne Ambitionen nach oben.

Das Spiel mobilisierte jeden. Reisebusse voller Fans, Mitarbeiter der Geschäftsstelle, Freunde und Verwandte der Mannschaft, Jugendmannschaften – alle wollten dabei sein. Die Stimmung war angespannt wie selten zuvor.

Der FSV ging in Führung. Die Menge tobte, alle freuten sich. Doch das hielt nur zwei Minuten an, denn der Fortuna gelang der Ausgleich. Wut, Trauer, Freunde, Enttäuschung, bei diesem Spiel lag alles nah beieinander. Das Spiel kippte in die andere Richtung.

Tor für Fortuna. Zwei Minuten später ein verschossener Elfmeter des FSV, der aber im Nachschuss noch in ein Tor verwandelt wurde. In 21 Minuten Spielzeit einmal Hölle und wieder zurück. Nahezu jeder schwarzblaue Anhänger schaute häufiger auf sein Mobiltelefon, um den aktuellen Tabellenstand zu verfolgen, als auf das Spiel auf dem Rasen. Die Anspannung hatte alle voll im Griff. Mit dem 2:2 ging es in die Pause. Da sowohl 1860 München als auch Fürth zu diesem Zeitpunkt bereits zurück und die anderen drei auch nicht in Front lagen, sah es für den FSV gut aus. Trotzdem war die Anspannung nahezu greifbar.

Erst in der 83. Minute erlöste Zlatko Dedič den FSV Frankfurt. Nach Vorlage von ex-Fortune Timm Golley gelang der Siegtreffer zum 3:2. Die gut 500 mitgereisten Bornheimer tobten. Die Mannschaft und Trainer Tomas Oral ließen sich von der Menge feiern. Trikots, Hosen und Socken flogen in den Block. Freudentränen flossen auf allen Seiten. Es war geschafft! Der Mann, der den FSV in die 2. Liga gebracht hat, sollte dafür sorgen, dass der Verein dort auch bleibt.

Die Zweitligazeit nähert sich dem Ende

In der achten Zweitligasaison 2015/16 verließ den FSV sein Glück. Nach einer einigermaßen guten Hinrunde folgte eine katastrophale Rückrunde mit 10 Punkten aus 17 Partien. Auf Trainer Tomas Oral folgte Falko Götz, der den Abstieg in die 3. Liga ebenfalls nicht mehr abwenden konnte. Der Absturz hatte jedoch nicht nur sportliche Gründe.

Eigenes Design geklaut

Sie sind unverzichtbar für jeden Verein und die Vorstellung ist jede Saison eines der Highlights während der Saisonvorbereitung: die Präsentation der Trikots für die neue Spielzeit. Und da hat der FSV Frankfurt in der Saison 2015/16 einen echten Treffer gelandet. Das Auswärtstrikot war optisch auf jeden Fall etwas Anderes, etwas völlig Neues. Ganz in Weiß, zwei Streifen in Schwarz und Blau auf der Brust, das Wappen mittig, dazu eine Knopfleiste und ein weißer Kragen. Ja, tatsächlich ist das Vereinswappen mitten in bzw. auf diesen Streifen und nicht, wie von Trikots gewohnt, links über dem Herzen.

Das Design erinnert auf den ersten Blick sehr an das der Italiener von Inter Mailand, die ebenfalls in der Saison 2015/16 auswärts mit einem solchen Trikot aufliefen, nur eben mit anderem Sponsor und dem Wappen dort, wo es normalerweise auf einem Trikot sitzt. Stellte sich direkt die Frage, wer da bei wem abgeschaut hat.

Wer sich mit dem Fußballsportverein noch nicht so lange beschäftigt und demzufolge weniger auskennt, hätte es einfach für ein tolles neues Design gehalten, das es so bisher nicht gegeben hat. Dabei hat der FSV tatsächlich geklaut, und zwar bei sich selbst. Blättert man in alten FSV-Büchern, so kann man hier eine Überraschung erleben: Dieses Trikot hat es schon gegeben. In den Oberligajahren Anfang und Mitte der Fünfzigerjahre liefen die Bornheimer mit solchen Trikots auf. FSV-Spieler wie Richard Herrmann, Heinrich »Heini« Schuchardt, Berthold Buchenau oder Kapitän Philipp Nold trugen dieses weiße Trikot mit dem Wappen des FSV Frankfurt.

Der Unterschied zwischen dem damaligen und neuen Trikot liegt dabei nur in den Details: Wo in der neuen Version eine verdeckte Knopfleiste ist, gab es einst Schnüre (das würde man heute wohl als Retro bezeichnen). Der Kragen war damals deutlich dunkler als der weiße Kragen der neuen Version und das Wappen befand sich einst auf der linken Seite, statt in der Mitte der Brust. Trotz dieser Kleinigkeiten wurde auf den ersten Blick deutlich, dass es eine Neuauflage dieses klassischen Leibchens war. Ein Grund mehr, dieses wundervolle Trikot stolz zu tragen! Auch wenn es nicht die traditionellen Farben des Fußballsportvereins sind – dieses Trikot war und ist optisch etwas ganz Besonderes!

Museum einmal anders

Seit 2015 gibt es in Dortmund endlich ein deutsches Fußballmuseum. Auf 7.000 m² gibt es tausende Objekte aus der Welt des deutschen Fußballs. Auch der FSV Frankfurt ist hier vertreten, und zwar in erster Linie mit Spielankündigungspostern und Eintrittskarten, die gute 100 Jahre alt sind. Neben dem »normalen Museum« gibt es zudem eine Dauerausstellung. Und scheinbar hat Fußballdeutschland sehnsüchtig darauf gewartet, denn vor Weihnachten, also kurze Zeit nach Eröffnung, wurde bereits der 50.000 Besucher begrüßt.

Auch viele andere Vereine haben ein eigenes Museum, zumeist im oder nahe dem eigenen Stadion. So hat Eintracht Frankfurt ein Museum im heimischen Waldstadion. Beim Umbau des FSV-Stadions und Neubau der Haupttribüne war ein solches Vereinsmuseum nicht vorgesehen, obwohl der Fußballsportverein auf eine 125-jährige Geschichte mit einigen Erfolgen zurückblicken kann. Aber ob es wirklich nichts dergleichen gibt? Na vielleicht doch, nur nicht so, wie man es von anderen Vereinen gewohnt ist und erwarten würde. Es gab ein Fleckchen im damals noch nach der Volksbank benannten Stadion, das vor Exponaten nur so platzt: die Werkstatt der Rasenhelfer, auch Greenkeeper genannt.

Ursprünglich war in diesem Teil der Südtribüne, an der Ecke zur Gegentribüne gelegen, eine kleine Polizeistation mit Räumlichkeiten, in denen auch mal jemand festgehalten werden konnte. Quasi ein kleines Stadiongefängnis. Das ist an sich nicht ungewöhnlich, sondern Standard in deutschen Stadien. Aber der ehemalige Bereich der Polizei grenzt direkt an die Werkstatt, in der die Greenkeeper ihre Rasenmäher, Düngemittel, Werkzeuge und allerlei Gerätschaften lagern. Das ist an dieser Stelle auch sinnvoll, da direkt neben dem Eingang zu besagter Werkstatt der Zugang bzw. die Zufahrt zum Stadion und auch zum Rasen ist. Nach dem Neubau der Haupttribüne und deren Eröffnung zog die Polizei ebenfalls mit Sack und Pack um und somit gab es für die alten Räumlichkeiten an diesem Standort keine Verwendung mehr.

Kurzerhand entschloss man sich, den Bereich der Greenkeeper zu erweitern. Es wurde umgebaut, die alte Theke ausgebaut, Schreibtische, Stühle, eine Couch, Kühlschränke und richtige Spind-Schränke für die Sachen der Mitarbeiter wurden angeschafft. Mit den Wochen und Monaten wurde das Reich der Greenkeeper, das in Social-Media-Kanälen liebevoll die *Pinte* genannt wird, immer wohnlicher und gemütlicher. Gerne empfängt man hier Gäste. Mittlerweile ist es fast schon Tradition, dass zum Saisonende groß gegrillt oder zum Jahresbeginn Linseneintopf gekocht wird. Ab der Saison 2015/16 hat die *Pinte* nämlich sogar eine eigene Küchenzeile mit Sitzecke.

Das Herzstück wie auch absolut optisches Highlight bildet die Trikotsammlung. Kommt man in den Raum, so sieht man eine unter der Decke des gesamten

Raumes an den Wänden gespannte Leine, an welcher hunderte verschiedene Fußballtrikots hängen. Hier ist nicht nur der FSV mit Trikots aus diversen Spielzeiten vertreten. Die Sammlung, die in erster Linie dem Chef-Greenkeeper David Kuhl, der bereits seit über 15 Jahren beim FSV arbeitet, gehört, kann sich wirklich sehen lassen. Zu um die 90 Prozent sind es von Spielern getragene Trikots querbeet von 1. Bundesliga bis Regionalliga, Frauenfußball, Männerfußball und mittlerweile auch Eishockey und American Football. Egal, wie oft man die *Pinte* besucht, jedes Mal entdeckt man neue Schätze.

Natürlich sind auch die letzten Jahre des FSV Frankfurt zu bewundern. Trikots, Mannschaftsbilder, Autogrammkarten, Fotos der Mitarbeiter sowie von Spielern, Wimpel, Zeitungsberichte etc. Es gibt immer etwas zu sehen, zu lesen oder neu zu entdecken. Mit viel Liebe wurde dieses kleine Reich geschaffen und eingerichtet. Leider wurde das »Museum« in seinem ursprünglichen Umfang mittlerweile aufgelöst, die Trikots an einen Sammler verkauft. Allerdings hat die Sammlung von Neuem begonnen und man kann wieder dabei zusehen, wie die Anzahl der Trikots steigt.

Mit Gründung der Fan- und Förderabteilung hat sich nun auch eine Museums-Arbeitsgemeinschaft gebildet, die sich dafür einsetzt, dass die Geschichte des Vereins in den Räumlichkeiten des Stadions präsentiert wird.

Das verflixte sieb ... achte Jahr

Der FSV hatte auch im verflixten siebten Jahr die Klasse gehalten. Mit Trainer Tomas Oral, der das »Wunder von Bernem« möglich machte, ging es in die neue Spielzeit 2015/16.

Mit einem großen Kader und vielen Leihspielern begann alles so, wie es in der vorangegangenen Saison beendet wurde. Daheim eher schwach; auswärts deutlich stärker und erfolgreicher. Dank der Auswärtsstärke wurde die Hinrunde auf einem mehr als respektablen Platz 10 und mit 22 Punkten abgeschlossen. Davon wurden immerhin 13 Punkte auswärts eingefahren. Alles deutete darauf hin, dass der FSV die für den erneuten Klassenerhalt notwendigen Punkte frühzeitig sammeln würde und mit dem Abstieg nichts mehr zu tun hätte. Aber so lief es beim Fußballsportverein in der Regel nun einmal nicht. Nach dem Heimspiel gegen den VfL Bochum am 23. Oktober 2015 gelang im heimischen Stadion kein Dreier mehr. Auswärts sah es noch ein wenig besser aus; nach dem Jahreswechsel gelangen ein Unentschieden in Karlsruhe, ein Sieg beim FC St. Pauli und ein Unentschieden in Braunschweig.

Der Sieg in Hamburg sollte vorerst auch der Letzte sein. Es hagelte fast nur noch Niederlagen. Nach zwei Punkten aus sieben Spielen war Schluss für Trainer Tomas Oral. Der FSV hatte die Reißleine gezogen. Auf ihn folgte Falko Götz. Doch auch mit ihm stellte sich der Erfolg zunächst nicht ein. Drei Spiele – drei Pleiten. Dazu einige fragwürdige Schiedsrichterentscheidungen, die das Ganze noch bitterer machten. Vor den beiden Spielen gegen Fortuna Düsseldorf (mit 29 Zählern punktgleich, Rang 15) und 1860 München (31 Punkte und 14.) war der FSV erstmals auf dem Relegationsplatz angekommen. Es rumorte und knallte gewaltig in Bornheim.

Wie im Jahr zuvor kam es wieder zum (vermeintlichen) Endspiel in Düsseldorf. Mit einem Unterschied: Im Gegensatz zu 2015 stand die Fortuna selbst mit dem Rücken zur Wand und kämpfte ums Überleben. Und das tat sie auch und sicherte sich diese wichtigen drei Punkte für den Klassenerhalt. Der FSV Frankfurt stand nun vor einer ganz großen Hürde. Der Klassenerhalt konnte am letzten Spieltag nicht mehr aus eigener Kraft geschafft werden. Im Spiel gegen 1860 München würde ein Dreier nicht mehr reichen und der MSV Duisburg müsste parallel gegen RB Leipzig verlieren, damit der FSV sich wenigstens noch auf den Relegationsplatz retten konnte. Einen Haken hatte diese Sache allerdings noch, denn Leipzig war bereits aufgestiegen. Nicht wenige Fans hatten daher die Befürchtung, dass das Leipziger Team nicht mehr mit demselben Ehrgeiz in das Spiel gehen würde, wie in den Partien zuvor, in denen es noch um wichtige Punkte ging. Der FSV machte seine Hausaufgaben und gewann die Partie. Und Duisburg? Gewann leider ebenfalls. Der FSV Frankfurt war damit im achten Jahr aus der 2. Bundesliga abgestiegen.

Fortuna und das halbe Duzend

Drittliga-Saison 2016/17. Zehn Jahre sind seit der erfolgreichen und beinahe komplett gewonnenen Saison in der Oberliga Hessen vergangen. Ein durchwachsener Saisonstart findet seinen kurzzeitigen Tiefpunkt nach der 1:3-Heimniederlage gegen die SG Sonnenhof Großaspach am 6. Spieltag. Der FSV Frankfurt ist nach dem Abstieg aus der zweiten Niederlage am Tabellenende der dritten Liga angekommen, hat bisher noch kein Spiel gewonnen. Es schrillen die Alarmglocken. Niemand weiß, was die Mannschaft in den folgenden Tagen nach der letzten Niederlage mit Trainer Roland Vrabec besprochen hat, allerdings sollte es fruchten.

Nach dieser Partie legte die Mannschaft eine Serie hin; ein Unentschieden beim Halleschen FC, danach startete die Siegesserie. Sachte schielte man bereits auf vergangene Serien und Spielzeiten und schaute, wann es zuletzt eine solche Erfolgsserie gegeben hatte. Vier Heimsiege in Folge, fünfmal ungeschlagen. Wann hat es das zuletzt gegeben? Wird der Bornheimer Hang etwa wieder zur Festung? Es machte wieder Spaß, zum FSV zu gehen.

Nach vier ungeschlagenen Spielen (zwei Heimsiege sowie ein Sieg und ein Unentschieden auswärts) war Fortuna Köln zu Gast im Stadion am Bornheimer Hang. Der teilweise skeptisch-pessimistische FSV-Anhänger ging insgeheim davon aus, dass die Serie reißen und sein FSV verlieren würde. So viel Glück und Erfolg werden immerhin langsam unheimlich.

Doch was an diesem Sonntag passierte, ließ Kritiker und Pessimisten verstummen: Bereits zur Halbzeitpause führte der FSV Frankfurt mit 4:0. Los ging das fröhliche Toreschießen in der 12. Minute mit dem Treffer von Denis Streker. Bentley Baxter Bahn (30.), Cagatay Kader (38.) und Fabian Schleusener (42.) erhöhten auf den zwischenzeitlichen Halbzeitstand von 4:0. Man rieb sich die Augen. Es war einer dieser Tage, an denen alles gelang und an denen jeder ein Tor beisteuern durfte. Sechs Tore, sechs Torschützen. In der zweiten Hälfte erhöhten Yannick Stark (63.) und Massimo Ornatelli (84. durch Foulelfmeter) auf den Endstand von 6:0. Ein wahres Fußballfest.

Weitere vier Spiele blieb der FSV ungeschlagen, bis eine knappe 0:1-Niederlage bei der zweiten Mannschaft des FSV Mainz 05 die Serie beendete.

Einst im Flugzeug, nun im Boot

Eintracht Frankfurt tut es, die TSG Hoffenheim tut es, und viele andere haben es auch bereits getan: Eine Auswärtsfahrt mit einem Schiff. Eine solche Anreise gehört gewiss zu den »Königsdisziplinen«, da es hierfür eine Anzahl an Fans und Mitreisenden braucht, die das Ganze zu einer großen Party werden lässt. Mit dem Reisebus oder Auto kann immerhin jeder anreisen. Aber natürlich ist es nicht überall möglich, denn nicht jede Stadt ist bequem mit dem Schiff erreichbar. In der Saison 2016/17 sollte es für den FSV Frankfurt endlich wieder zu direkten Nachbarschaftsduellen kommen. In der dritten Liga trafen die Bornheimer auf die U23 des FSV Mainz 05 sowie auf den SV Wehen Wiesbaden.

Früh begann die Fanbetreuung des FSV Frankfurt mit der Planung dieser beiden Duelle. Statt eines gewöhnlichen, langweiligen Reisebusses sollte es ein Schiff sein, mit dem die Reise nach Mainz angetreten werden sollte. Der FSV charterte ein kleines Boot für um die 135 Personen. Abzüglich Mitarbeiter, verletzte Spieler oder wer sonst noch Lust haben könnte, an der Überfahrt teilzunehmen, wurden 120 Karten zum Verkauf angeboten. Und die gingen rasend schnell weg. Ob sich eventuell der Umstieg auf das nächst größere Schiff lohnen würde? Man zeigte sich mutig und buchte kurzerhand die *Wappen von Frankfurt* mit Platz für bis zu 350 Mitreisende. Ein ambitioniertes Vorhaben, aber nicht unmöglich.

An jenem Spätherbsttag im November 2016 fanden sich frühmorgens um 7:30 Uhr 250 FSV-Fans am Eisernen Steg ein und bestiegen die *Wappen,* um nach Mainz zu schippern. Dank der Initiative des Fanclubs *Bornheimer Falken* gab es zudem blaue Weihnachtsmützen für alle zu erwerben. Angekommen in Mainz marschierten die schwarzblauen Anhänger durch die Stadt Richtung Stadion. Und auch im Bruchwegstadion gab es ein Bild zu sehen, welches es auswärts beim FSV

Frankfurt nicht allzu oft gab. Ein mit über 500 Fans besetzter Block in schwarz-blau, mit größtenteils blauweißen Weihnachtsmützen und mit einem Support, der sich hören und sehen lassen konnte.

Leider wurde die Leistung der Fans nicht belohnt; die Mannschaft verlor das Spiel mit 0:1. Trotz der verlorenen Punkte wird diese Auswärtsfahrt als etwas ganz Besonderes in den Köpfen der Fans bleiben.

38 Bornheimer

Wo wir gerade bei den Anhängern des Fußballsportvereins sind ... Machen wir uns nichts vor – der FSV Frankfurt ist nicht für die Massen an mitreisenden Anhängern bekannt, so wie es beispielsweise beim großen Nachbarn aus dem Stadtwald der Fall ist. Das bedeutet allerdings nicht, dass die Liebe jedes einzelnen Fans gegenüber ihrem Fußballsportverein schwächer ausgeprägt ist als bei anderen Vereinen. Kleine Vereine haben ihren ganz eigenen Charme. Und sie sind kreativ. Dies zeigte beispielsweise der SV Sandhausen, als er mit nur etwa 25 Fans zum Spiel nach Leipzig reiste. 4:0 gewannen die Badener und die Fans ließen ihrer Freude Lauf und machten spontan eine Polonaise durch den Block.

Eine weitere witzige Aktion starteten die Fans von Sonnenhof Großaspach bei ihrem Gastspiel in Dresden. Um die 150 waren mitgereist und sammelten Sympathiepunkte, als sie ein Spruchband mit der Aufschrift

»Könnt ihr bitte 2 Minuten ruhig sein, damit man uns auch mal hört« hochhielten. So bringt man sich ins Gespräch und sammelt Sympathiepunkte.

Zwar gab es eine Aktion mit vergleichbarem medialem Interesse beim FSV noch nicht, aber dafür sorgen die Fans auf ihre Art und Weise für Gesprächsstoff. Mehr als einmal war der wenig gefüllte Fanblock Thema während einer Live-Übertragung auf dem Sportsender »Sky«. Hauptthema war dabei mindestens genauso häufig die Bildung (mindestens) zweier Gruppen, die weit auseinander stehen. Ein leidiges Thema, das von den Medien immer wieder gern aufgegriffen wurde. Im Laufe der letzten Jahre gibt es hier allerdings Annäherungen seitens der Fangruppen, sodass es hier mittlerweile keinen Grund mehr gibt, sich darüber lustig zu machen.

Wer sich regelmäßig die Spiele des FSV ansieht, der weiß, dass es zwar keine tausenden Auswärtsfahrer gibt, aber immerhin auch mehr als »ein paar dreißig«, wie es einst den Fans vorgeworfen wurde (siehe Wappendiskussion).

Mit hochklassigem Sport aus den Bereichen Fußball, Frauenfußball, Basketball, Eishockey und American Football gibt es in Frankfurt einiges an Konkurrenz. Da können sich vierhundert FSV Frankfurt Fans, die im Februar 2016 zum Freitagsspiel beim FC St. Pauli in Hamburg waren, durchaus sehen lassen! Dieser Auswärtssupport wurde übrigens mit einem Sieg gekrönt – so feiert es sich doch am schönsten!

Auch in der Drittligasaison 2016/17 waren die Anhänger des FSV stets mit mehr Personen als den obligatorischen 38 Fans unterwegs. Der geringste Wert wurde mit 45 Fans bei Bremen II erzielt; ganze 532 machten sich auf den (zugegebenermaßen kurzen) Weg nach Mainz. Im Schnitt waren es 130 Fans, das machte Rang 14 von 20 in der Auswärtsfahrertabelle aus. Natürlich profitiert Frankfurt hierbei auch von der guten, zentralen Lage mitten in Deutschland.

Maßgeblichen Anteil am »Auswärtsmob« hat stets der Fanclub *SB'79*, eine der am längsten aktiven Gruppierungen in der Stadt Frankfurt und größter Fanclub des FSV Frankfurt. Ein Großteil der sogenannten »Allesfahrer« sind Teil dieses Fanclubs und die werden gewiss auch in der Zukunft alle möglichen Spiele, Tests und Trainingslager besuchen.

Zweimal hoch – zweimal runter

Der Durchmarsch des FSV Frankfurt von der Regionalliga bis in die 2. Bundesliga war beispiellos in der Geschichte des Fußballsportvereins. Viele Jahrzehnte hatte es gedauert, bis der FSV und seine Fans wieder eine solch erfolgreiche Zeit erleben durften. Doch was der FSV nach oben kann, kann er leider auch nach unten.

Nach acht Jahren in der 2. Bundesliga war das Abenteuer vorbei. Oft war der Fußballsportverein dem

Abstieg am letzten Spieltag noch entkommen und auch diesmal war der letzte Spieltag hochdramatisch. Der FSV musste gewinnen; Leipzig (gerade aufgestiegen) hätte gegen den Tabellenvorletzten MSV Duisburg drei Punkte holen müssen. Von außen betrachtet eine klare Sache. Der FSV erledigte seine Aufgabe, doch Leipzig verlor, Duisburg rettete sich in die Relegation und der FSV stand auf einem direkten Abstiegsplatz. Selten war ein Heimsieg so frustrierend gewesen.

Dass die Folgesaison noch schlimmer werden würde, ahnte zu dem Zeitpunkt allerdings keiner. Alles auf Anfang. Neustart in der 3. Liga. Nicht mehr unter der DFL als zuständigem Verband, sondern nun unter dem DFB. Neue Gegner, neue Stadien. Allerdings auch keine großen Einnahmen aus Fernsehgeldern mehr. Und das kann einem Verein mit wenig Einnahmen aus Sponsoring, Eintrittskarten und Merchandising mächtige finanzielle Probleme bereiten. Bereits im Sommer kursierte in den Foren und Medien eine Aussage aus der Führungsriege, die drastisch klang, sich aber am Saisonende bewahrheiten sollte: »Wir haben nur einen Schuss«. Dieser zielte darauf ab, dass es für den FSV keine andere Option gäbe, als direkt wieder aufzusteigen.

Die Saison startete sportlich durchwachsen, mit dem einen oder anderen Unentschieden sowie einigen Niederlagen. Der erste Sieg und damit die ersten drei Punkte wurden (erst) am 8. Spieltag gegen Preußen Münster eingefahren. In der Folge blieb der FSV acht

Spiele in Folge ungeschlagen, schickte Fortuna Köln mit 6:0 und den SC Paderborn mit 3:0 nach Hause. Das fußballerische Jahresende markierte der 3:1-Heimsieg gegen den SV Wehen Wiesbaden.

Zu diesem Zeitpunkt waren 19 Partien absolviert und der FSV belegte Rang 18 von 20 mit insgesamt 17 Punkten. Kein besonders guter Zwischenstand, aber die Serie machte Hoffnung.

Der Hoffnungsschimmer hielt nicht lange an. Es folgten neun Spiele ohne Sieg. Lediglich zwei Punkte konnte der FSV in dieser Phase sammeln. Das bedeutete das Ende für FSV-Trainer Roland Vrabec. Seinen Posten übernahm Gino Lettieri. Zwei Wochen später fuhr der FSV endlich wieder einen Dreier ein und gewann 2:0 gegen die Sportfreunde Lotte. Das sollte der letzte Sieg in der 3. Liga bleiben.

Erneut gute zwei Wochen später musste die FSV Frankfurt 1899 Fußball GmbH Insolvenz anmelden und musste dadurch einen Punktabzug von neun Zählern hinnehmen. Der FSV war damit nicht mehr zu retten. Es reichte nur noch für drei Punkte aus den letzten neun Spielen. Der FSV stieg sang- und klanglos mit insgesamt zwanzig Punkten Rückstand in die Regionalliga ab.

Es knallt erneut in der Führungsriege

Die in den Zeitungen bereits Monate zuvor vorhergesagte Führungskrise ließ noch etwas auf sich warten;

kommen sollte sie allerdings noch. Ein Jahr lang hatte der FSV Frankfurt mit Clemens Krüger lediglich einen Geschäftsführer, der somit sämtliche Bereiche der Fußball GmbH verantwortete. Dass dies besonders im sportlichen Bereich eher schwer werden könnte, ahnten einige Anhänger und Experten schon früh.

Nach der Rettung und erneuten Sicherung der 2. Bundesliga wurde Tomas Oral mit einem Vertrag für die Saison 2015/16 ausgestattet. An sich legitim, so konnte der FSV unter Oral bereits viele Erfolge, Siege und auch Aufstiege verzeichnen und feiern. Wieso also es nicht erneut versuchen und schauen, wo die Reise des FSV Frankfurt noch hingehen kann.

Die Rückkehr war allerdings problematischer als gedacht. Kaum war die Tinte trocken, traten Mannschaftsärzte und Physiotherapeuten zurück. Eine erneute Zusammenarbeit mit Tomas Oral war nicht für jeden vorstellbar. So wurde die gesamte medizinische Abteilung ausgetauscht. Auch sportlich lief es nicht rund. Kurz vor Ende der Saison versuchte es Krüger mit einem Trainerwechsel, doch auch Falko Götz konnte den FSV Frankfurt nicht mehr vor dem Abstieg bewahren.

In der dritten Liga und mit einem deutlich geringeren Etat wurde alles auf Anfang gestellt. Neben einem neuen Trainer, dem ehemaligen FSV-Jugendtrainer Roland Vrabec, wurde mit Roland Benschneider auch ein erfahrener Sportdirektor eingestellt. Zwar nicht mehr als Geschäftsführer, wie einst Uwe Stöver, aber auf der Position eines sportlichen Leiters.

Es sollte ein Neubeginn werden, der sich letztendlich als Anfang vom Ende entpuppte. Und das mit einer erneut fast vollständigen, neuen Mannschaft. Neben Stammspieler Shawn Barry waren nur Sören Pirson, Jannis Pellowski sowie die Nachwuchsspieler Mateo Andačić, Leon Hammel und Nahom Gebru geblieben. Zudem wurde der Kader mit den U19-Spielern Matay Birol, Noah Schmitt und Mohammed Morabet aufgestockt.

Mit dem neuen Personal war der Start in die Dritte Liga etwas stockend, aber durchaus annehmbar. Im Herbst gelang gar eine Serie von neun ungeschlagenen Spielen, die an die besten und erfolgreichsten Zeiten in der Oberliga erinnerte. Ein jähes Ende fand die Serie mit dem Hessenpokalspiel beim TSV Steinbach. Mit 5:0 ging der Fußballsportverein unter. Nur wenige Tage später verlor der FSV auch bei Tabellenschlusslicht FSV Mainz 05 U23. Von diesen extrem frustrierenden Spielen sollte sich der FSV in dieser Saison nicht mehr erholen. Zwar gelang zum Ende der Hinrunde noch ein durchaus ansehnlicher Heimsieg gegen den SV Wehen Wiesbaden, allerdings sollte danach nur noch ein einziger Sieg folgen.

Gleichzeitig rauschte es auch in der Führungsetage gewaltig. Im März wurde erneut der Trainer gewechselt; Gino Lettieri ersetzte Roland Vrabec. Der sportliche Erfolg stellte sich trotz der Erfahrung Lettieris nicht ein.

Damit nicht genug, gaben Geschäftsführer Clemens Krüger und das gesamte Präsidium am 23. März 2017 ihren Rücktritt bekannt. Ein Paukenschlag, der den damaligen »Knall« und das mediale Echo rund um den Rücktritt von Bernd Reisig im Jahr 2010 um einiges übertraf. Es folgten Zeitungsberichte, Schuldzuweisungen und Meinungen von ehemaligen Offiziellen, die dieses Unglück (laut eigener Aussage) haben kommen sehen. Eine mediale Schlammschlacht, die am wenigsten dem Fußballsportverein geholfen hat.

Übergangsweise wurde Michael Görner zum Präsident und Aufsichtsratsmitglied Stephan Siegler zum Vizepräsident berufen. Keine leichte Aufgabe, die die beiden Herren auf sich nahmen. Doch wie schwer die nächste Zeit werden würde, ahnte da noch keiner.

Alles auf Anfang

Aufgrund des sportlichen Absturzes gegen Ende der Drittligasaison 2016/17 folgte ein Trainerwechsel zu Gino Lettieri. Doch das eigentliche Problem war nicht die sportliche Leistung, es war alles andere. Rücktritt von Geschäftsführung und Präsidium, Insolvenz, Punktabzug. Der FSV stieg ab und musste mit dem neuen Trainer und ehemaligen FSV-Spieler Alexander Conrad in der viertklassigen Regionalliga Südwest antreten.

Michael Görner: Nachfolger seines Vorgängers

Einst war er Vorgänger von Julius Rosenthal, nun ist er auch dessen Nachfolger. Zwischen 2002 und 2007 war Michael Görner bereits Präsident des FSV Frankfurt e. V., bis er am 28. April 2007 seinen Rücktritt bekannt gab. Da es zu diesem Zeitpunkt mit Ludwig von Natzmer, Wolfgang Kurka, Willi Hebbel und Walter Schimmel vier Vizepräsidenten gab, entschied man sich dazu, vorerst keinen neuen Präsidenten zu suchen, da der Verein trotzdem handlungsfähig war und es somit keine Notwendigkeit gab, etwas zu überstürzen. Erst knapp ein Jahr später, im Februar 2008, wurde Julius Rosenthal zum neuen Präsidenten gewählt und hatte diesen Posten fast 10 Jahre inne – bis zu seinem Rücktritt im März 2017.

Vorgänger Michael Görner war aus privaten Gründen zurückgetreten, wollte nach der arbeitsreichen Karriere das Leben mit der Familie genießen. Görner sprang mit voller Überzeugung erneut in die Aufgabe als Präsident des Fußballsportvereins und damit in eine richtig harte Zeit, die auf ihn zukommen sollte. Es war eine Entscheidung des Herzens. In den Jahren, in denen er keinen Posten bekleidete, war Görner trotzdem bei nahezu jedem Spiel anwesend. Heimspiele, Auswärtsspiele, Testspiele, Trainingslager und stets an der Seite von Präsidium und Geschäftsführung. Man munkelt, er habe dem Fußballsportverein auch mehrfach in finanzieller Schieflage geholfen. Eben ein Mann mit großem Herz für den kleinen FSV.

Was ihn nun erwarten würde, konnte Görner allerdings nicht erahnen. Bereits etwa ein Jahr zuvor wurde er hinter vorgehaltener Hand als neuer Präsident und Nachfolger Julius Rosenthals gehandelt. Auf einmal ging es schneller als erwartet. Görner musste nicht lang überlegen und sagte direkt zu. In seiner ersten Amtszeit zwischen 2003 und 2007 kam der FSV gerade richtig in Fahrt auf dem Weg nach oben. Nach der Beinahe-Insolvenz Mitte der Neunzigerjahre hatte sich der Fußballsportverein wieder gefangen und zählte ab der Saison 2004/05 zu den Favoriten in der Oberliga.

Diesmal fand Görner eine Entwicklung vor, die in die andere Richtung ging. Und diesmal konnte die Insolvenz nicht verhindert werden. Als Michael Görner wieder Präsident wurde und sich über den Stand der Dinge informierte, fand er ein klaffendes finanzielles Loch vor. Etwas, womit er in dieser Höhe nicht gerechnet hatte. Medienberichten zufolge hatte der FSV

Frankfurt knapp 3 Millionen Euro an Schulden und Verbindlichkeiten. Ein Betrag, der nicht mehr zu stemmen sein würde. Und die Realität übertraf die Spekulation der Medien zudem noch. Und so musste Görner für seinen FSV Frankfurt (bzw. genau genommen die Fußball GmbH, nicht den Verein) am 11. April 2017 schweren Herzens die Insolvenz anmelden.

Mit dem Einreichen des Insolvenzantrages geht gemäß den Statuten des Deutschen Fußball-Bundes auch ein Punktabzug von neun Zählern einher. Hätte man dies anfangs noch rechnerisch durch einige Siege ausgleichen können, so war allerdings schnell klar, dass es zum erneuten Abstieg kommen würde. Sang- und klanglos stieg der FSV Frankfurt ab – am Ende mit 20 Punkten Rückstand auf den rettenden Tabellenplatz 17.

In der Folge ging es für Präsident Michael Görner, Vizepräsident Stephan Siegler sowie den Insolvenzverwalter Fabio Algari darum, sich um die Finanzen zu kümmern und herauszufinden, ob der Start in der Regionalliga finanziell ermöglicht werden kann. Nach dem Abstieg dauerte es einige Wochen, aber dann war klar, der FSV würde in der Regionalliga Südwest neu starten können. Ein kleiner Erfolg für Michael Görner, aber auch erst der Anfang eines richtigen Neustarts.

Die Saison 2017/18 startete (aufgrund der laufenden Insolvenz) ohne neuen Geschäftsführer, aber mit Prokurist Patrick Spengler und Präsident Michael Görner an der Spitze von GmbH und Verein. Ein Duo, das gerade viel aufgearbeitet hatte und dabei war, den FSV wieder auf Kurs zu bringen. In dieser Spielzeit änderte sich einiges beim FSV. Viele alte Partner und Sponsoren hatten dem Regionalligisten den Rücken gekehrt, mit der Frankfurter Volksbank war auch der Namensgeber des Stadions am Bornheimer Hang nicht mehr da. Es brauchte Zeit, sich das Vertrauen neu zu erarbeiten. Görner und Spengler putzten viele Klinken, gewannen Vertrauen zurück und zusammen mit Vermarkter Infront auch viele neue Partner, die dem Fußballsportverein beim Wiederaufbau und Neustart helfen sollten.

In diesem Jahr hat sich der FSV völlig umgekrempelt. Neuer Stadionname, neuer Hauptsponsor, neuer Ärmelsponsor, neuer Ausrüster, neuer Bierpartner. Einige alte Partner blieben, viele neue konnten hinzugewonnen werden. Damit war der FSV wieder etwas näher zusammengerückt, denn gemeinsam mit den bestehenden Partnern konnte der FSV wieder wachsen und das sein, was ihn einst ausmachte: der familiäre Club, bei dem jeder herzlich willkommen ist.

Restart gegen die Insolvenz

Nachdem die erste drohende Zahlungsunfähigkeit im Sommer 1996 noch abgewendet werden konnte, hatte der FSV Frankfurt 2017 weniger Glück. Bereits 2016 nach dem Abstieg aus der 2. Bundesliga und damit verbunden dem Abschied aus dem bezahlten Fußball machte sich das Fehlen der Fernsehgelder schnell bemerkbar. Den seinerzeit über 6 Millionen Euro für die Übertragung bei Sky standen in der dritten Liga nahezu null Fernsehgelder gegenüber.

Die Kasse des FSV Frankfurt war leer. Zwar gab es den Rettungsschirm, der dem Absteiger eine Einmalzahlung zusicherte, aber die Differenz war einfach zu groß. Man ahnte bereits im Sommer 2016, dass das finanziell enorm schwer werden würde. Es wurde in die Mannschaft investiert, um den direkten Wiederaufstieg anzupeilen. Dies sollte nicht gelingen. Nachdem beinahe der ganze Kader ausgetauscht wurde, fand der FSV sportlich nicht in die Spur. Hinter den Kulissen kämpfte der FSV bereits ums finanzielle Überleben. Offene Rechnungen, zahlreiche Gläubiger, Rücktritt von Geschäftsführung und Präsidium. Insolvenzantrag.

Doch beim FSV ergab sich niemand seinem Schicksal. Görner, Siegler und Spengler übernahmen die Verantwortung und setzten alles daran, die Finanzen aufzuarbeiten. Mit Fabio Algari kam ein Insolvenzverwalter hinzu, der bereits Erfahrung mit der Sanierung von Sportvereinen hatte, wenn auch in einer anderen Sportart, nämlich dem Eishockey. Der Insolvenzantrag bei Gericht hatte auch Auswirkungen auf die sportliche Situation: Neun Punkte Abzug durch den DFB. Der Abstieg war damit nicht mehr zu umgehen. Wenige Wochen noch, dann würde von diesem Kader nahezu niemand mehr am Bornheimer Hang sein.

Der FSV besann sich auf sich selbst und darauf, den Verein zu retten und den weiteren sportlichen Betrieb zu sichern.

Klar war auch, dass der langjährige Slogan »aus eigner Kraft« weichen musste. Das Vereinsmotto hatte vorerst ausgedient und etwas Neues musste her, dem Neuanfang des Vereins angemessen. Der #RestartFSV wurde ins Leben gerufen. Eine Kampagne, die allen zeigen sollte, dass der FSV sich nur »rebootet« und neuen Anlauf nimmt. Der FSV Frankfurt ist nicht am Boden, er startet sich nur neu.

Die letzte Ausgabe des Stadionhefts *FSV life* der Saison stand bereits im Zeichen dieses Restarts. Ein optischer und inhaltlicher Relaunch des Stadionhefts, Banner auf der Website, Aufkleber, T-Shirts. Der FSV wollte allen zeigen, dass ab sofort ein neues Kapitel startet. Das letzte Spiel gegen Werder Bremen II ging verloren – doch für den FSV war es der Neuanfang. Ein echter Restart eben.

Von Charity-Dinner bis Retterspiel

Seit vielen Jahren stehen der FSV Frankfurt und Eintracht Frankfurt sportlich in keiner Konkurrenz mehr zueinander. Aus einst feurigen Duellen ist ein freundschaftliches Verhältnis geworden.

Im Frühsommer des Jahres 2017 führte das dazu, dass die Eintracht dem FSV unter die Arme griff. Doch von vorn: Bereits im April hatte die FSV Frankfurt 1899 Fußball GmbH aufgrund Schulden in Millionenhöhe Insolvenz anmelden müssen. Es wurde über Benefiz- und Retterspiele diskutiert, die dem FSV Geld in die Kassen spülen sollten und so den Fortbestand des Spielbetriebs sichern sollte. So kam es, dass Eintracht Frankfurt sich meldete. Bereits seit einigen Jahren lud der große Nachbar zu seiner Saisoneröffnung hochkarätige Gegner ein. So waren in den letzten Jahren beispielsweise Celta de Vigo, der FC Tokyo oder Inter Mailand zu Gast im Stadion im Stadtwald. Zur Saisoneröffnung 2017/18 war der FSV Frankfurt der Gegner.

Einige Wochen vorher veranstaltete der FSV Frankfurt ein Charity-Dinner, lud Partner und Sponsoren ein, um Spenden zur Unterstützung des Vereins zu sammeln. Im Rahmen dieser Abendveranstaltung überreichten die Verantwortlichen der Frankfurter Eintracht den Scheck über 150.000 Euro, der einerseits als Antrittsgage und andererseits als Spende für die Bornheimer fungieren sollte. Ein großer Batzen Geld, den der FSV dringend benötigte.

Kurz vor der eigentlichen Saisoneröffnung mit dem großen Freundschaftsspiel fand eine Pressekonferenz beim FSV Frankfurt statt, in welcher die Eintracht das Motto des Tages »wir sind alle Frankfurter Jungs« vorstellte und das T-Shirt dazu präsentierte. Alles in allem war durch die Gesamteinnahmen aus verkauften Karten sowie abgesetzten Shirts die Gage von 150.000 Euro vermutlich eine Kleinigkeit für den Nachbarn aus dem

Stadtwald, dem Fußballsportverein hat die Finanzspritze und die Öffentlichkeit, die durch die gesamte
Aktion gewonnen wurde, allerdings gutgetan.

Das Spiel selbst verlief recht ruhig. Gut 40.000
Fans schauten sich bei strahlendem Sonnenschein und
extremen Temperaturen ein Duell an, welches die Eintracht am Ende mit 5:2 gewann. Für die Spieler der
Schwarzblauen war es der erste echte Härtetest, denn
vor so vielen Zuschauern und gegen solch starke Spieler
würde man in der Regionalliga nicht spielen. Vermutlich war das Erlebnis selbst für die Regionalligakicker
etwas »besonderer«, als für die des Bundesligisten. Zumindest hatten beide Seiten ihren Spaß und der FSV ein
wenig Geld in der Kasse.

Die Suche nach der Identität

Vor einhundert Jahren war stets absolut klar, dass der
FSV Frankfurt ein Bornheimer Verein ist und zu Bornheim gehört. Daher versuchte der FSV während der Zeit
im Profifußball, das Ganze etwas aufzubrechen. Ist der
FSV aber noch so sehr mit »seinem« Stadtteil verbunden, so sehr hadert er auch immer mal wieder damit.
Um mehr und mehr im Profifußball Fuß zu fassen und
auch Zuschauer von außerhalb Bornheims anzuspre-
chen, wurden einige Versuche gestartet, den Fußballsportverein mithilfe von Marketingkampagnen neu zu
positionieren.

So versuchte es der FSV im Jahr 2011 zunächst mit einer Kampagne für seinen Stadtteil. Unter dem Namen »Born in Bernem« sollte der Verein sich klar zu seinem Stadtteil bekennen. Als Teil von Bornheim, als Verein aus Bornheim und für Bornheimer Einwohner. Mit diesem neuen Motto sollte die Identifikation der Bürger Bornheims mit ihrem FSV neu entfacht und gestärkt werden. Über Plakate, Flyer und später auch auf Fanartikeln sollte das Motto in den Stadtteil getragen und die Zuschauer ins Stadion am Bornheimer Hang (das unterdessen in Frankfurter Volksbank Stadion umbenannt wurde) gelockt werden. Eine gut gemeinte Kampagne, die teilweise gut ankam, teilweise aber auch abschreckte. Manch einer nicht in Bornheim geborene stellte sich die Frage, ob er denn beim FSV noch willkommen sei. Wahrlich eine alberne Auffassung einer Zuschauerkampagne, die eigentlich Verein und Stadtteil wieder klar miteinander verbinden sollte. Der FSV ist nun einmal »Born in Bernem«.

In den knapp vier Jahren, die diese Kampagne lief, konnte eine Steigerung der Zuschauerzahlen verzeichnet werden. Aufgrund der beiden im Waldstadion ausgetragenen Spiele gegen Eintracht Frankfurt bleiben die Zahlen aus der Saison 2011/12 hier allerdings mal außen vor. 2012/13 wurden 5.512 Zuschauer im Schnitt verzeichnet, im Folgejahr 6.288. Es ging kontinuierlich nach oben und dennoch war Zeit für etwas Neues.

2015 wurde an einer neuen Marketingausrichtung gearbeitet. Diese besann sich – getreu dem Spruch »back to the roots« – auf die Anfänge des Fußballsportvereins. »Aus eig(e)ner Kraft« lautet das alte und neue Motto des FSV. Das Banner, welches bereits 1911 erstellt wurde, befindet sich noch heute in den Räumlichkeiten der Geschäftsstelle in der Haupttribüne des Stadions. Mit dieser neuen Strategie zur Markenprofilierung besann sich der FSV wieder von innen heraus auf sich, ohne dabei Menschen in bestimmten Frankfurter Stadtteilen mehr ansprechen zu wollen als Einwohner anderer Stadtteile und Orte. Am Ende dieser Rückkehr zu »Aus eigner Kraft« standen zwei Abstiege und die Insolvenz der Fußball GmbH. Erstmals in der Geschichte des Fußballsportvereins war es nicht mehr aus eigener Kraft zu schaffen.

Mit der Rückkehr in den Amateurfußball startete der FSV mit einer neuen Marketingstrategie. Bereits zum letzten Heimspiel in der 3. Liga wurde mit #RestartFSV ein neuer Slogan ausgerufen. Ein Neustart, ein neuer Beginn, der Anfang einer neuen Ära und eine Rückbesinnung auf alte Stärken und Tugenden. Eine Zeit, in der der FSV Frankfurt es nicht mehr nur »aus eigner Kraft« schaffen würde, sondern auf Hilfe von vielen Seiten angewiesen sein wird. Der Restart sollte allerdings auch nur ein Jahr vorhalten und wurde zu Beginn der Saison 2018/19 erneut abgelöst. Das Motto lautete ab sofort: #WIRsindFSV.

Ein Weltrekord am Hang

Nach zwanzig Jahren hat sich die Fußballschule des FSV Frankfurt, die 2004 ins Leben gerufen wurde, längst etabliert. Ständig wachsend, immer mehr Teilnehmer und der Ausbau auf immer neue Standorte haben die Fußballschule, die nach dem Kooperationspartner Hitradio FFH benannt wurde und mittlerweile FFH-Fußballschule heißt, zu einer echten Institution in Hessen und im angrenzenden Bayern gemacht.

Ursprünglich wurde sie vom ehemaligen FSV-Spieler und späteren Mitarbeiter für Veranstaltungen Bernd Winter ins Leben gerufen. Noch während seiner aktiven Zeit bei den Schwarzblauen legte Winter den Grundstein dessen, was so groß geworden ist.

Für Bernd Winter gab es in der Saison 2015/16 einen Ausflug auf die Trainerbank. Zusammen mit Tomas Oral coachte er die Mannschaft des FSV. Nach dessen Rauswurf war auch für Winter klar, dass er den FSV verlassen würde. Markus Husterer, ebenfalls ehemaliger Spieler und zuvor bereits Mitarbeiter in der Fußballschule, übernahm den Posten des Leiters. Unterstützt wurde er durch einen Auszubildenden sowie ein bis zwei Praktikanten. Das ist bei dem Arbeitsaufkommen auch bitter nötig. Gerade zwischen Frühjahr und Herbst, wenn es draußen wärmer ist, finden permanent Kurse statt, mal unter der Woche, mal als On Tour-Termin am Wochenende. Eines der Highlights ist aber der jährlich stattfindende Auslandskurs.

Für die Fußballschulen-Sommerkurse 2017 hatte der FSV nun etwas Einmaliges in Planung: Einen Weltrekordversuch. Die Teilnehmer der Kurse aller Standorte sollten jeden Tag nach Frankfurt gefahren werden. In mehreren Bussen wurden die Kids jeden Morgen an den Bornheimer Hang gebracht. Ab Tag 1 über 500 Teilnehmer. Ein logistischer Kraftakt. Zwar hat das Stadion neben dem Hauptfeld noch drei weitere Rasenplätze sowie einen Kunstrasenplatz, aber die übliche Teilnehmeranzahl lag in der Regel bei knapp über 100 Kindern. Somit mussten die Gruppen und die über 50 Betreuer aufgeteilt und auf das gesamte Stadiongelände neu organisiert werden. Ein gewaltiger Planungsaufwand.

Um den bisherigen Weltrekord, der vom FC Barcelona aufgestellt wurde, zu übertreffen, musste die Anzahl der Kinder in der gesamten Kurswoche konstant bei über 500 liegen. In der Spitze waren es sogar 524 Kinder und der Weltrekord wurde am Freitag, dem 14. Juli 2017 mit 510 Teilnehmern offiziell bestätigt.

Zum Abschluss der erfolgreichen und anstrengenden Woche hatte Markus Husterer noch ein ganz besonderes Highlight: die beiden Brüder Heiko und Roman Lochmann, genannt »die Lochis«, gaben ein großes Konzert vor der Südtribüne. Neben den Teilnehmern und Betreuern durften daran auch Eltern und Geschwister teilnehmen, um den Rekord gemeinsam gebührend zu feiern.

Alex Conrad – die One-Man-Show

Wenn einer weiß, wie es beim Fußballsportverein zugeht, wenn dieser in finanzielle Schieflage gerät, dann ist es Alexander Conrad. Als Spieler in der Saison 1994/95 und somit in dem Jahr, als der FSV als Zweitligist in der Liga sportlich mächtig unterging und finanzielle Schwierigkeiten den Verein drückten und fast zur Insolvenz führten, kannte er grob das, was nun als Trainer auf ihn zukommen würde.

Ende Mai 2017 entschied sich Alexander Conrad, zum Fußballsportverein zurückzukehren. Zwei Jahre war er als Abwehrspieler für den FSV aktiv gewesen, jetzt kam er zurück. Als Trainer, Sportdirektor, Teammanager. Eben ein »Mädchen für (fast) alles«. Er plante Testspiele, schaute sich Spiele und potenzielle Spieler an, organisierte den Trainingsbetrieb. Wahrlich ein Vollzeitjob. Trainingsstart zur Saison 2017/18 sollte Mitte Juni sein.

Zu dieser Zeit standen dem FSV keine fünf Spieler zur Verfügung. Durch den Abstieg waren alle Verträge beendet. Zum Trainingsauftakt waren einige Spieler anwesend, die geblieben waren, dazu Testspieler sowie Spieler aus der eigenen Jugend. Man begann klein, mit nicht einmal zehn Spielern. Das sollte sich schnell steigern: Spieler um Spieler wurde verpflichtet, Probetrainings wie eine Art Casting veranstaltet und so setzte Alexander Conrad Stück für Stück sein Team zusammen.

Ihm zur Seite stand – in den ersten Monaten noch im Hintergrund – Thomas Brendel, ebenfalls ehemaliger Spieler der Schwarzblauen und zu dieser Zeit noch Trainer bei Borussia Fulda. Man half sich. Spiele gegeneinander wurden ausgetragen; Spieler, die für Fulda vermeintlich zu gut waren, wurden dem FSV angeboten. So arbeiteten Brendel und Conrad zusammen am Kader, bis Thomas Brendel sich entschied, seinen Trainerposten aufzugeben. Conrad, der als ehemaliger Spieler und Trainer anderer Vereine im Rhein-Main-Gebiet ein gutes Netzwerk hatte, zog sein Ding durch und investierte viel Zeit in seinen Sportverein.

Alexander Conrad ist ein eher ruhiger Typ, aber ein akribischer Arbeiter. Zu Beginn startete die Saison holprig, zu viele neue Gesichter, zu viele unbekannte Spieler, aber Einstellung und Charakter passten. Und so bekam Conrad Zeit, sein System und seine passende Aufstellung zu finden. Nach der Winterpause gelang es endlich, eine größere Serie zu starten und wichtige Punkte im Kampf um den Klassenerhalt zu sammeln. Am Ende kam es so, wie Fans es aus der Vergangenheit kannten: Der letzte fehlende Punkt wurde und wurde einfach nicht eingefahren und so zitterte das Team bis zum vorletzten Spieltag, bis der Erhalt der Klasse endlich in trockenen Tüchern war.

Im zweiten Jahr ging es für Alexander Conrad darum, den Kader weitgehend zusammenzuhalten, ihn punktuell zu verstärken und damit die Leistung des Teams zu verbessern und sich auch sportlich weiterzuentwickeln. Der Start in die Saison 2018/19 verlief auch unerwartet gut. 3:0 gewann der FSV am ersten Spieltag bei Aufstiegsaspirant 1. FC Saarbrücken. Auf diesen furiosen Auftaktsieg folgten vier Spiele ohne Sieg, ein Heimsieg und die 0:7-Klatsche bei den Kickers Offenbach. Die Saison war gespickt mit Höhen und Tiefen; Negativserien folgten auf positive Serien.

Nach vier Niederlagen in Folge war es allerdings doch zu viel – Alexander Conrad wurde entlassen und Thomas Brendel übernahm als Interimstrainer für die verbleibenden sechs Partien. Bereits im zweiten Spiel konnte erneut eine Serie gestartet werden. Vier Spiele, drei Siege und ein Unentschieden sorgten dafür, dass der FSV weiterhin in der Regionalliga spielen konnte.

Neuer Name für den Bornheimer Hang

Mit den finanziellen Sorgen kam im Jahr 2017 die Insolvenz und damit dann auch das Wegbrechen einiger Sponsoren. Hauptsponsor weg, Namensrecht des Stadions ungeklärt, viele kleinere Sponsoren weg. Die Lage war seinerzeit ernst, denn der Spielbetrieb musste ja auch weiterlaufen.

Zum absolut ungünstigen Zeitpunkt war im Sommer 2017 auch der langjährige Vertrag mit der Frankfurter Volksbank ausgelaufen, die dem Frankfurter Volksbank Stadion seit Sommer 2006 ihren Namen gegeben hatten. Die Zusammenarbeit mit der Bank hatte über ein Jahrzehnt existiert und stammte noch aus den Zeiten von Bernd Reisig. Daher war es wenig verwunderlich, dass sich die Volksbank dazu entschied, den Vertrag nicht mehr zu verlängern.

Der FSV ging auf die Suche nach einem neuen Partner, der seinen leuchtenden Schriftzug auf dem Stadion sehen wollte. Neben dem Haupt- bzw. Trikotsponsor gehört der Namensgeber des Stadions in der Regel zu den größten Sponsoren eines Vereins, was mit einer nicht unerheblichen Menge Geld verbunden ist.

Nach elf Jahren als Frankfurter Volksbank Stadion hieß das Stadion nun erstmal wieder »Stadion am Bornheimer Hang«. Für die Fans und Mitglieder des Fußballsportvereins durchaus etwas Gutes, da Stadien und Arenen mit Sponsorennamen ohnehin verpönt sind. Dennoch wurde das Geld benötigt, um den Spielbetrieb zu sichern.

Es dauerte bis zum Frühjahr 2018, bis ein neuer Namensgeber präsentiert werden konnte. Erneut ein Kreditinstitut. Die PSD Bank Hessen-Thüringen ist seit Anfang 2018 Namenssponsor des Fußballstadions. Der Vertrag lief ursprünglich bis 2021, wurde Ende 2020 bis 2026 und 2023 sogar vorzeitig bis 2028 verlängert.

Aktuell tragen neben dem FSV Frankfurt auch die Footballer der Frankfurt Galaxy ihre Heimspiele in der European League of Football (ELF) in der PSD Bank Arena aus. Zuvor war das Stadion zwischen 2015 und 2022 die Heimstätte der Frankfurt Universe.

Kapitel 12: 2019 bis 2024

Stabilisierung und Blick in die Zukunft

Auch in der Regionalliga tat sich der FSV in den bisherigen Spielzeiten oftmals schwer. Auf Platz 14 im ersten Jahr folgten zwei 12. Plätze. In der Saison 2020/21 wurde mit Platz 6 das bisher beste Ergebnis eingefahren. 2021/22 wäre der FSV gar beinahe in die Oberliga abgestiegen. Nach einem halben Jahr als Co-Trainer ist Tim Görner seit März 2022 Cheftrainer der Schwarzblauen.

Ende der Insolvenz und sportlicher Neuanfang

Gute zwei Jahre hat es gedauert, bis die Insolvenz ganz offiziell beendet und überstanden war. Mit dem Abschluss der Insolvenz sollte sich auch im sportlichen Bereich wieder einiges ändern.

Nachdem Alexander Conrad im April 2019 als Cheftrainer entlassen wurde, übernahm der ehemalige FSV-Spieler Thomas Brendel zunächst interimsweise seinen Posten. Und nicht nur diesen. Brendel war bereits seit einem Jahr Sportdirektor der Bornheimer und sah sich nun in einer Doppelfunktion. Insgesamt sechs Spiele standen am Ende der Saison 2018/19 noch an, sodass ein Ende der Doppelbelastung absehbar war. Das erste Spiel beim FK Pirmasens ging knapp mit 2:3 verloren, doch dann startete das Team durch: Vier Spiele, zehn Punkte sowie eine Tordifferenz von 11:1. Das konnte sich sehen lassen. Nur im letzten Spiel der

Saison sollte es dann nicht mehr für einen Sieg reichen. Es war klar, dass Brendel seinen Job zusammen mit dieser Mannschaft wirklich gut machte und so sparte man sich jede weitere Suche nach einem neuen Cheftrainer. Brendel war ab sofort als Trainer und Sportdirektor in Personalunion tätig.

So saß Thomas Brendel in den Spielzeiten 2019/20 und 2020/21 auf der Bank des Regionalligisten und gleichzeitig im Büro des sportlichen Leiters. Zur Saison 2021/22 sollte sich das wieder ändern. Brendel entschied sich, wieder in den Hintergrund zu rücken und einem neuen Mann eine Chance als Trainer zu geben. Dieser sollte Angelo Barletta sein, ehemaliger Spieler des FSV Frankfurt, genau wie seine beiden Vorgänger Brendel und Conrad.

Doch dieser Schritt stellte sich als verkehrt heraus. Nach neun Spielen wurde Barletta schon wieder entlassen und Brendel übernahm erneut den Trainerposten. Zwischen September 2021 und März 2022 saß er wieder selbst auf der Bank. In den 20 Partien gab es sechs Siege und jeweils sieben Unentschieden und Niederlagen. Zu wenig für den Verein, der eigentlich gerne wieder in die 3. Liga aufsteigen würde.

Es musste ein neuer Impuls her und dieser kam aus den eigenen Reihen. Tim Görner, bisher Co-Trainer unter Brendel, wurde kurzerhand zum Cheftrainer befördert. Aus den verbleibenden elf Spielen holte Görner 15 Punkte. Das veränderte Gesicht, welches die Mannschaft auf dem Platz zeigte, war Grund genug für

Thomas Brendel, dem Nachwuchstrainer diesen Posten dauerhaft zu übertragen.

Als COVID19 alles veränderte

Bereits Ende 2019 zeichnete sich ab, dass buchstäblich etwas in der Luft lag, was die Welt verändern würde. Das Virus war zunächst nur durch die Medien und seine Existenz in China bekannt, ehe es den Weg nach Europa und nach Deutschland fand. Zunächst ging man davon aus, dass es sich um eine normale Grippe handele, doch dann wurde ihr durch die Medien attestiert, dass sie todbringender sei als die gewöhnliche Influenza. Besonders in den ersten Wochen wusste hierzulande niemand, wie man damit umzugehen hat.

Im Januar 2020 wurde der erste Fall von COVID19 bzw. Corona in Deutschland bekannt und schon im März 2020 schwappte es auf den Fußball über. Nachdem der damalige Gesundheitsminister Jens Spahn am 8. März dazu aufgerufen hatte, keine Veranstaltungen mit über 1000 Besuchern mehr durchzuführen, wurden die ersten Partien abgesagt.

Nach einigen Spielen mit Zuschauersperre entschied sich der Verband DFL nur wenige Tage später, den Spielbetrieb auszusetzen. Trotzdem sollte die Saison irgendwie zu Ende gespielt werden. Nach einer Pause von knapp zwei Monaten ging es weiter, natürlich unter strengen Auflagen und mit Hygieneregeln. Diese

Zeit war geprägt vom Maskentragen, Infektionszahlen, Inzidenzen, Abstandhalten und Händewaschen.

Und auch beim FSV Frankfurt wurde zunächst pausiert und die Geschäftsstelle für den Publikumsverkehr geschlossen und die Mitarbeiter mussten von Zuhause arbeiten. In der Zeit, bevor man dazu überging, medizinische Masken zu tragen, wurden Stoffmasken genäht. So fand sich auch beim FSV Frankfurt jemand, der begann, Masken in Schwarz und Blau oder mit FSV-Wappen zu nähen, welche über den Verein verkauft wurden.

Die schlimmste Zeit machte der Regionalligist im Februar 2021 durch, als eine heftige Infektionswelle durch den Kader rauschte und man zeitweise nicht mal mehr elf Mann auf den Platz bekam. Mehrere Spiele wurden abgesagt und die mussten natürlich alle nachgeholt werden.

Die Saison war ein Kraftakt. 22 Mannschaften, 42 Spieltage. Dazu zahlreiche Spielausfälle, Absagen, Verschiebungen. Die Spielzeit war coronabedingt erst im September gestartet und legte im November eine Spielpause von sechs Wochen ein. Es folgten englische Wochen. Dann kam die Infektionswelle, welche erneut eine Pause von gut einem Monat verursachte.

Am Ende erkämpfte sich das Team trotzdem Platz sechs der Regionalliga Südwest. Ein respektables Ergebnis in diesen Zeiten. Und nicht nur das: Es machte wieder Spaß, sich den FSV Frankfurt anzuschauen. Vor der Pause im Februar war der FSV das heimstärkste

Team der Liga, hatte nur ein Spiel verloren. Achtmal gewann der FSV mit 1:0. Aber auch ein Tor reicht eben für drei Punkte aus. Das Team von Trainer Brendel hat allen Widrigkeiten getrotzt.

Strenge Auflagen zum Pokalendspiel

Unter Trainer Brendel schaffte der FSV Frankfurt es zum ersten Mal seit 2006 wieder, das Finale des Hessenpokals zu erreichen. Eine starke Leistung. Und ausgerechnet im Jahr 2020 sollte dieses Finale am heimischen Bornheimer Hang stattfinden. Inmitten der Corona-Pandemie war das ein Spiel unter großen Auflagen.

Und dennoch nahm der Verein diese Aufgabe an und richtete das Endspiel gegen den TSV Steinbach Haiger aus. Seitens des Hessischen Fußballverbands wurde verkündet, dass maximal 250 Zuschauer erlaubt sein werden. Zwar hatte der FSV Frankfurt ein Hygienekonzept für 1280 Zuschauer vorgelegt, dies wurde von den zuständigen Behörden jedoch abgelehnt. Für das Endspiel galt die seinerzeit gültige Veranstaltungsobergrenze von 250 Personen.

Aufgrund dieser geringen Anzahl an Karten verzichtete Gegner Steinbach auf einen freien Verkauf und nahm nur ein kleines Kontingent an Karten in Anspruch. Der FSV vergab Tickets in Absprache mit seiner Fan- und Förderabteilung. Alle Karten mussten personalisiert ausgegeben werden und waren nicht übertragbar. Nebeneinandersitzen? Keine Chance.

Gerne hätte der FSV Frankfurt in der heimischen PSD Bank Arena den Pokal des Siegers in die Luft gereckt. Doch das blieb ihnen leider verwehrt. Dem Gegner aus Steinbach reichte ein Tor durch Sören Eismann in der 43. Minute, um sich den Titel zu sichern. Am Ende eine verpasste sportliche und wirtschaftliche Riesenchance. Ganz coronakonform fanden Siegerehrung und -fotos mit desinfizierten Händen und Schutzmasken statt.

Eine Karriere wie gemalt – Alieu Sawaneh

Im Sommer 2020 sicherte sich der FSV Frankfurt die Dienste eines jungen Mannes vom FC Bayern Alzenau. An sich nichts Ungewöhnliches. Alieu Sawaneh ist ein Mann aus der Region. In Gambia geboren, kam er früh nach Deutschland und spielte in der Jugend für den Nachwuchs der Rosenhöhe Offenbach und die U19 der Kickers Offenbach. Über Stationen bei Eintracht Stadtallendorf und Bayern Alzenau kam er nun zum FSV Frankfurt nach Bornheim.

Doch Sawanehs Talent ist nicht nur das Kicken. In seiner Freizeit malt er am liebsten. Bereits in seiner Kindheit fand er Gefallen daran und hat gemerkt, dass es ihm liegt. Beigebracht hat er sich das alles selbst und seitdem versucht er, sich von Bild zu Bild zu verbessern.

Seit über zehn Jahren malt der mittlerweile 27-Jährige nahezu täglich. Sawaneh mal dabei keine Landschaften, Tiere oder Dinge, sondern Menschen und am liebsten Fußballer. Das brachte ihm einiges an Aufmerksamkeit, denn auch die Topstars wie Emre Can, Kevin Prince Boateng oder Ousmane Dembélé haben sich bereits Bilder gesichert.

»Ich teile, was mir am wichtigsten ist: meine Kunst«, so Sawaneh auf seiner Website. Er malt nicht einfach nur, sondern erzählt in den Bildern auch die Geschichte des porträtierten Stars. Zu Beginn hat er seine Bilder verschenkt; mittlerweile gibt es auch einen Onlineshop, über welchen die Bilder käuflich zu erwerben sind. Beim Finale der UEFA Europa League, welches 2020 in Köln stattfand, war er sogar als Live-Zeichner im Einsatz.

Sawaneh bezeichnet sich als rustikalen Spieler. Im Fußball gehe es körperlich zu, da habe »das Malen für ihn etwas Meditatives«[34] Der ideale Ausgleich nach anstrengenden Fußballspielen.

Tim Görner – FSV'ler seit Geburt

Nach der Entlassung von Angelo Barletta saß zunächst erneut Thomas Brendel auf der Trainerbank. Als sein Co-Trainer fungierte Tim Görner, Sohn des

---

34 www.facebook.com/sportschau/videos/kunst-vom-fußballer-fuer-fußballer-sawaneh-malt-fußballstars-sportschau/1731312903689468/

Vereinspräsidenten des FSV Frankfurt 1899 Michael Görner und quasi am Bornheimer Hang geboren und aufgewachsen.

Nach einem halben Jahr entschied sich Brendel, Görner die Cheftrainer Position zu überlassen. Von Vetternwirtschaft war Seitens einiger Fans die Rede und eine echte Chance bekam der junge Nachwuchscoach zu Beginn nicht von jedem.

Doch in Tim steckt viel mehr als nur der Nachname. Als er im März 2022 den Posten übernahm, war er gerade mal 26 Jahre alt und damit der jüngste Cheftrainer der vier professionellen Fußballligen Deutschlands.

Zu diesem Zeitpunkt hatte er jedoch schon alle notwendigen Lizenzen. Mit 15 Jahren machte er seinen ersten Trainerschein. Seit Sommer 2016 ist er als Trainer bei seinem Herzensverein angestellt. Nach unterschiedlichen Positionen im Nachwuchsleistungszentrum, in der U17 sowie der U19 ist er seit September 2021 fester Bestandteil des Trainerstabs der 1. Mannschaft.
Görner profitiert dabei von seinem Alter. Viele der Spieler sind etwa gleich alt oder nur geringfügig jünger. Man versteht sich und kommuniziert auf Augenhöhe.

Sein Start hätte dabei kaum schwieriger sein können. Als er die Trainerposition im März 2022 übernahm, hatte der FSV noch Spiele gegen Gegner wie den FC Homburg, den TSV Steinbach, die Kickers Offenbach und den späteren Aufsteiger aus Elversberg vor der Brust. Fast ausschließlich Teams, die in der Tabelle vor dem FSV standen. Und auch der Tabellenstand selbst war besorgniserregend, denn mit 27 Punkten waren es nur vier Punkte Vorsprung auf den Tabellenletzten. Unter Görner holte das Team aus den verbleibenden neun Spielen zwölf Punkte, darunter ein Auswärtssieg beim FC Homburg, und sicherte sich erneut den Klassenerhalt.

Die Folgesaison sollte diese Leistung um einiges toppen. Das Team spielte unter Trainer Görner eine sehr solide Runde und wurde am Ende mit 17 Siegen und 6 Unentschieden Fünfter. Als absolute Krönung gewann die Mannschaft zudem den Hessenpokal und zog damit in die erste Runde des DFB-Pokals ein. Die erste Teilnahme seit der Saison 2016/17, als man als Drittligist, der aus der 2. Bundesliga abgestiegen war, noch automatisch teilnehmen durfte.

Zahlreiche Abgänge wichtiger Spieler, unter anderem auch des Toptorschützen Cas Peters, sorgten dafür, dass es in der Saison 2023/24 sportlich schwieriger wurde. Trotzdem beendete das Team die Saison als Tabellenneunter. Und noch etwas Positives: Peters konnte in der Winterpause zurückgeholt werden und wurde bis Sommer 2025 aus Aachen ausgeliehen.

Seit Januar 2024 absolviert Görner zudem als einer der jüngsten Trainer überhaupt den Lehrgang zur UEFA Pro Lizenz, ehemals Fußballlehrer genannt. Als Julian Nagelsmann diese Lizenz erwarb, war er 28 Jahre alt. Mehr als einmal hat Tim Görner sein Können unter Beweis gestellt und es wird spannend zu sehen, wie sein Weg weitergeht.

Starke Saison samt Pokalsieg

Dass die Saison 2021/22 so erfolgreich werden könnte, hätte sich niemand ausmalen können. Nachdem der FSV in der vorangegangenen Spielzeit in der Regionalliga Südwest gegen den Abstieg gespielt hatte, lief es parallel dazu im Hessenpokal umso besser. In den letzten Jahren konnte sich die Leistung des FSV im Hessenpokal generell absolut sehen lassen.

Im Coronajahr 2020 stand der FSV Frankfurt zum ersten Mal seit Langem wieder im Finale. Austragungsort dieses Spiels war die heimische PSD Bank Arena. Der FSV unterlag der TSV Steinbach Haiger knapp mit 0:1. 2021 scheiterte der FSV im Halbfinale am späteren Titelträger SV Wehen Wiesbaden. Auch 2022 war im Halbfinale gegen den späteren Sieger Schluss – diesmal gegen die Kickers Offenbach.

In der Saison 2022/23 gelang erneut der Einzug ins Finale, welches wieder in der Frankfurter PSD Bank Arena ausgetragen wurde. Im Halbfinale waren die Bornheimer erneut auf den Nachbarn aus Offenbach getroffen, konnten sich diesmal allerdings mit 3:2 durchsetzen. Und auch der TSV Steinbach Haiger macht es dem FSV nicht leicht. Der FSV ging in der 30. Minute in Führung, ehe der Gegner aus Steinbach mit Toren in der

49. und 55. Minute das Spiel drehte. Erst in der 83. Minute gelangt dem gerade eingewechselten Giorgio Del Vecchio das Tor, welches die Verlängerung ermöglichte. Da beide Teams den erlösenden Treffer nicht erzielen konnten, ging das Spiel am Ende ins Elfmeterschießen. Dort setzten sich die Schwarzblauen mit 7:5 durch, sicherten sich den Titel und den Einzug in den DFB-Pokal.

Witziger Zufall am Rande: Den ersten Hessenpokalsieg konnte der FSV Frankfurt im Jahr 1990 einfahren. Gegner war mit Eintracht Haiger ein Verein aus derselben Gegend wie der TSV Steinbach Haiger.

Nach zahlreichen Abgängen lief es in der ersten Runde des DFB-Pokals gegen den FC Hansa Rostock leider nicht ganz nach Wunsch. Der FSV ging früh durch ein Tor von Malik McLemore mit 1:0 in Führung und kassierte erst kurz vor Ende der regulären Spielzeit den Gegentreffer. Bitter für den FSV, der sich so gut geschlagen hatte. Mit dem 1:1 überstand das Team die Verlängerung und rettete sich ins Elfmeterschießen. Dort konnte Hansa drei Strafstöße verwandeln, während die Kicker in Schwarzblau drei Schüsse versemmelten. Ein unglückliches und Ende einer Partie, die der FSV für sich hätte entscheiden müssen.

Immer wieder Netflix

Klickt man sich durch die Vielzahl an Streaming-Diensten, so finden sich viele Dokumentationen rund um das Thema Fußball und über Fußballvereine. Ob über Eintracht Frankfurt und die Nachhaltigkeit, über Schalke 04, den MSV Duisburg oder über Klubs aus dem Ausland – es gibt einiges, was Fans und Interessierte sich anschauen können.

Der FSV Frankfurt ist ebenfalls auf Netflix zu finden, allerdings nicht so, wie man sich das jetzt vorstellen möge. Bereits zweimal wurde am Bornheimer Hang für Netflix-Serien gedreht. Für die 2019 veröffentlichte erste Staffel der Serie »Skylines« wurden im Rahmen eines Heimspiels einige Szenen im Stadion gedreht. Die Serie spielte in Frankfurt und dreht sich um ein fiktives Plattenlabel in der Bankenmetropole. Am Ende gab es nur sechs Folgen von Skylines und die Serie wurde nicht fortgeführt, trotz offenem Handlungsstrang.

Nur wenige Jahre später war Netflix erneut am Bornheimer Hang aktiv. 2024 wurde für die südkoreanische Show »The Gentlemen's League« gedreht. Das Konzept der Reality-Sendung ist einfach: aus Prominenten und ehemaligen Leistungssportlern (allerdings keine Fußballer) entsteht eine Fußballmannschaft, die gegen verschiedene Amateurteams antreten muss. Trainiert wird das Team von Ahn Jung-hwan, der selbst bei der WM 2002 für Südkorea auf dem Platz stand. Gute 2.500 Fans waren bei dem Dreh dabei, die meisten (natürlich) Südkoreaner. Dazu gekommen war es, da die Verantwortlichen des FSV Frankfurt mitbekommen hatten, dass die Macher der Show ein Stadion im Rhein-Main-Gebiet suchen und sich direkt um den Dreh beworben haben. Diese Eigeninitiative sollte sich auszahlen. Die anwesenden Fans verbrachten einen spannenden Vormittag im Frankfurter Stadion mit ihren Stars aus Südkorea und der FSV hat einmal mehr für Werbung in eigener Sache gesorgt.

SBA und BEK

Ende 2023 sorgte eine Entscheidung der FSV Frankfurt Fußball GmbH für mächtig Unmut in der Fanszene. Im Mai 2023 gründete Robert Lempka, Geschäftsführer des FSV Frankfurt, die SBA Invest GmbH. Das Akronym SBA steht dabei für schwarzblauer Aufbruch. Die Gesellschaft hat das Ziel der Eigenkapitalerhöhung des Fußballsportvereins aus eigenem Vermögen. Die Finanzspritze soll dabei allerdings nicht der ersten Mannschaft zugutekommen, sondern in den Verein und die Infrastruktur fließen.

Das Investorenmodell wird insbesondere innerhalb der Fanszene kritisch gesehen. Mit dem »Bündnis für einen FSV Frankfurt aus eigner Kraft« (kurz: BEK) wurden Personen aus der Fanszene schnell nach der Bekanntgabe als Gegenpart aktiv. Wie bereits bei der so genannten Wappendiskussion bemängeln die

Anhänger die schleppende Kommunikation und mangelnde Transparenz der Verantwortlichen.

Grund für die Gründung war das negative Eigenkapital der FSV Frankfurt 1899 Fußball GmbH, welches nach Aussagen der Verantwortlichen sinnvolle und notwendige Investitionen aktuell unmöglich mache. Um dem Verein die Möglichkeit des Wachstums geben zu können, sei es unablässig, für mehr Geld zu sorgen. Eine Aufnahme von Fremdkapital sei generell kein Thema, da sie nur zu einer erneuten bzw. weiterer Verschuldung führe.

Seitens der Fanszene sieht man einen Verlust der Unabhängigkeit, die den Verein seit 1899 ausmache. Insgesamt wünsche man sich eine komplette Neuausrichtung des Vereins, damit Alleingänge dieser Art künftig nicht mehr passieren.

Im Januar 2024 lud der FSV Frankfurt seine Mitglieder zu einem Informationsabend, um über den aktuellen Stand zu informieren und sich den Fragen zu stellen. Das Angebot wurde jedoch eher spärlich angenommen, unter anderem, weil für den gleichen Abend das erste Spiel der deutschen Nationalmannschaft bei der Europameisterschaft angesetzt war. Kurze Zeit später stimmte der Verwaltungsrat den Plänen zu und gab damit den Startschuss für das Vorhaben der SBA Invest.

Der Protest der Fans riss unterdessen nicht ab, es gab Plakate im Stadion, Flugblätter und Informationen via Social Media. Im April wurde die geplante

Kapitalerhöhung umgesetzt und die SBA Invest GmbH hält seitdem zehn Prozent am FSV. Mit diesem Geld möchte der Verein maßgeblich in die Infrastruktur investieren, die Einnahmen durch Vermietung und Verpachtung bescheren. Einnahmen, die am Ende das Überleben des gesamten Vereins sichern sollen.

Und in Zukunft?

Der ehemalige Trainer und Sportlicher Leiter Thomas Brendel bezeichnete den FSV Frankfurt in einem Interview einmal als Verein, der unter die besten fünf Klubs der Regionalliga gehöre. Auf lange Sicht kann die Regionalliga allerdings nicht das Ziel des FSV sein. Für höhere Einnahmen aus Zuschauer- und Sponsoreneinnahmen benötigt es sportlichen Erfolg und mindestens die dritte Liga. Schön wäre es gewesen, den 125-jährigen Geburtstag eine Klasse höher zu feiern.

Davon ist der FSV Frankfurt zum Saisonstart 2024/25 leider noch weiter entfernt, als es sich einige Anhängerinnen und Anhänger gewünscht hätten. Die Tendenz geht allerdings, seit Tim Görner auf der Trainerbank sitzt, nach oben. Zweimal in Folge landete der FSV in der Schlusstabelle auf einem einstelligen Platz. In einer Liga, in der Vereine mit deutlich höherem Etat wie Eintracht Frankfurt II, Kickers Offenbach oder der FC Homburg mitspielen, ist das keine Selbstverständlichkeit.

Beim letzten Mal musste der FSV sieben Jahre in der Viertklassigkeit verharren. Von 2000/01 bis 2006/07 befand sich die Mannschaft in der Oberliga Hessen – damals vierte Liga. Nun befindet sich der FSV im achten Jahr der Viertklassigkeit.

Im Mai 2024 und kurz vor Ende der Saison verließ Thomas Brendel den FSV. Damit liegt die Zusammenstellung des Kaders jetzt komplett bei Trainer Tim Görner, der von seinem Team unterstützt wird.

Quo vadis? Auf lange Sicht werden die Finanzen wieder eine Rolle spielen. Wie das im Fußball eben ist. Zwischen Mannschaften, die Mäzene oder sogenannte Freundeskreise haben, die den Vereinen zum Teil Millionen zur Verfügung stellen, hat es der FSV ein wenig schwerer. Dass man sportlich gut mithalten kann, haben die beiden Spielzeiten gezeigt, in denen Rang 5 und 6 erreicht wurden. Darauf soll künftig aufgebaut werden. Und mit ein wenig Glück bei den Transfers kann der Blick langfristig (vielleicht) wieder ein wenig weiter nach oben gerichtet werden. Zu wünschen wäre es dem Verein und seinen treuen Fans und Mitgliedern!

Anhang

Statistiken

Ligazugehörigkeit und Abschneiden (nach Kapitel):

(Statistiken soweit bekannt, Fehler vorbehalten)

1899-1924

1902/03: Meisterschaft des FAB (Frankfurter Association Bund) (3. Platz); Ausscheidungsspiele der Süddeutschen Meisterschaft

1903/04: FAB Meisterschaft; Nordkreis, Westmaingau (5. Platz)

1904/05: Entscheidungsspiel FAB-Meisterschaft; Nordkreis, Westmaingau (8. Platz)

1905/06: Nordkreis, Westmaingau (2. Platz)

1906/07: Nordkreis, Südmaingau (3. Platz)

1907/08: Nordkreis, Südmaingau (3. Platz)

1908/09: Nordkreis, Bezirk I (1. Platz); Endspiele Nordkreis

1909/10: Nordkreis, Ligaklasse (3. Platz)

1910/11: Nordkreis, Ligaklasse (2. Platz)

1911/12: Nordkreis, Ligaklasse (3. Platz)

1912/13: Nordkreis, Ligaklasse (4. Platz)

1913/14: Nordkreis, Ligaklasse (7. Platz)

1914/15: Spielpause aufgrund des Ersten Weltkriegs

1915/16: Südmain, Herbstrunde und Frühjahrsrunde

1916/17: Südmain, Herbstrunde; Nordkreismeisterschaft (1. Platz); Teilnahme Süddeutsche Meisterschaft; Südmain, Frühjahrsrunde

1917/18: Südmain, Herbstrunde; Südmain, Frühjahrsrunde; Nordkreismeisterschaft (2. Platz)

1918/19: Südmain, Herbstrunde; Entscheidungsspiele Südmaingau; Nordkreis, Frühjahrsrunde

1919/20: Kreisliga Nordmain (2. Platz)

1920/21: Kreisliga Nordmain (9. Platz)

1921/22: Kreisliga Nordmain Abt. 1 (2. Platz)

1922/23: Kreisliga Nordmain (1. Platz); Endspiele Mainbezirk-Meisterschaft; Süddeutsche Meisterschaft (5. Platz)

1923/24: Bezirksliga Main (1. Platz); Süddeutsche Meisterschaft (5. Platz)

1924-1945

1924/25: Bezirksliga Main (1. Platz); Süddeutsche Meisterschaft (3. Platz); Teilnahme Endrunde Deutsche Meisterschaft bis Finale

1925/26: Bezirksliga Main (1. Platz); Süddeutsche Meisterschaft (3. Platz); Teilnahme Endrunde Deutsche Meisterschaft bis Viertelfinale

1926/27: Bezirksliga Main (1. Platz); Süddeutsche Meisterschaft (3. Platz); Entscheidungsspiel um TN an Deutscher Meisterschaft

1927/28: Bezirksliga Main (2. Platz); Trostrunde Nordwest

1928/29: Bezirksliga Main (2. Platz); Trostrunde Nordwest

1929/30: Bezirksliga Main (3. Platz); Trostrunde Nordwest

1930/31: Bezirksliga Main (5. Platz)

1931/32: Bezirksliga Main (2. Platz); Süddt. Meisterschaft Nordwest-Staffel (2. Platz)

1932/33: Bezirksliga Main (1. Platz); Süddt. Meisterschaft Nordwest-Staffel (1. Platz); Gewinner Endspiel Süddt. Meisterschaft; Teilnahme Endspiele um Deutsche Meisterschaft (bis Viertelfinale)

1933/34: Gauliga Südwest (6. Platz)

1934/35: Gauliga Südwest (4. Platz)

1935/36: Gauliga Südwest (5. Platz)

1936/37: Gauliga Südwest (5. Platz)

1937/38: Gauliga Südwest (5. Platz)

1938/39: Gauliga Südwest (2. Platz); Teilnahme am Tschammerpokal mit Einzug ins Endspiel

1939/40: Gauliga SW – Mainhessen (3. Platz)

1940/41: Gauliga SW – Mainhessen (5. Platz)

1941/42: Hessen-Nassau Gruppe 1 (3. Platz)

1942/43: Gauliga Hessen-Nassau (2. Platz)

1943/44: Gauliga Hessen-Nassau (3. Platz)

1944/45: kein Ligabetrieb, nur Einzelspiele im Krieg

1945-1960

1945/46: Oberliga Süd (10. Platz)

1946/47: Oberliga Süd (14. Platz)

1947/48: Oberliga Süd (7. Platz)

1948/49: Oberliga Süd (12. Platz)

1949/50: Oberliga Süd (5. Platz)

1950/51: Oberliga Süd (5. Platz)

1951/52: Oberliga Süd (7. Platz)

1952/53: Oberliga Süd (11. Platz)

1953/54: Oberliga Süd (7. Platz)

1954/55: Oberliga Süd (6. Platz)

1955/56: Oberliga Süd (9. Platz)

1956/57: Oberliga Süd (11. Platz)

1957/58: Oberliga Süd (13. Platz)

1958/59: Oberliga Süd (11. Platz)

1959/60: Oberliga Süd (9. Platz)

1960/61: Oberliga Süd (12. Platz)

1961-1982

1961/62: Oberliga Süd (15. Platz)

1962/63: 2. Liga Süd (1. Platz)

1963/64: Regionalliga Süd (16. Platz)

1964/65: Regionalliga Süd (10. Platz)

1965/66: Regionalliga Süd (14. Platz

1966/67: Regionalliga Süd (13. Platz)

1967/68: Regionalliga Süd (16. Platz)

1968/69: Hessenliga (1. Platz)

1969/70: Regionalliga Süd (19. Platz)

1970/71: Hessenliga (2. Platz); Teilnahme Deutsche Amateurmeisterschaft bis zum Halbfinale

1971/72: Hessenliga (2. Platz); Gewinn der Deutschen Amateurmeisterschaft

1972/73: Hessenliga (1. Platz)

1973/74: Regionalliga Süd (11. Platz)

1974/75: Hessenliga (1. Platz)

1975/76: 2. Bundesliga Süd (13. Platz)

1976/77: 2. Bundesliga Süd (7. Platz)

1977/78: 2. Bundesliga Süd (15. Platz)

1978/79: 2. Bundesliga Süd (12. Platz)

1979/80: 2. Bundesliga Süd (18. Platz)

1980/81: 2. Bundesliga Süd (15. Platz)

1981/82: Oberliga Hessen (1. Platz); 1. Platz der Aufstiegsrunde Gruppe Süd

1982/83: 2. Bundesliga (19. Platz)

1983-1996

1983/84: Oberliga Hessen (3. Platz)

1984/85: Oberliga Hessen (10. Platz)

1985/86: Oberliga Hessen (5. Platz)

1986/87: Oberliga Hessen (3. Platz)

1987/88: Oberliga Hessen (5. Platz)

1988/89: Oberliga Hessen (4. Platz)

1989/90: Oberliga Hessen (8. Platz)

1990/91: Oberliga Hessen (6. Platz)

1991/92: Oberliga Hessen (5. Platz)

1992/93: Oberliga Hessen (2. Platz); Teilnahme Deutsche Amateurmeisterschaft (Platz 4)

1993/94: Oberliga Hessen (1. Platz); Aufstiegsrunde (1. Platz)

1994/95: 2. Bundesliga (18. Platz)

1995/96: Regionalliga Süd (18. Platz)

1996/97: Oberliga Hessen (7. Platz)

1997-2005
1997/98: Oberliga Hessen (1. Platz)

1998/99: Regionalliga Süd (15. Platz)

1999/2000: Regionalliga Süd (14. Platz)

2000/01: Hessenliga (4. Platz)

2001/02: Hessenliga (2. Platz)

2002/03: Hessenliga (3. Platz)

2003/04: Hessenliga (6. Platz)

2004/05: Hessenliga (2. Platz)

2005/06: Hessenliga (2. Platz)

2006-2009
2006/07: Hessenliga (1. Platz)

2007/08: Regionalliga Süd (1. Platz)

2008/09: 2. Bundesliga (15. Platz)

2009-2013
2009/10: 2. Bundesliga (15. Platz)

2010/11: 2. Bundesliga (13. Platz)

2011/12: 2. Bundesliga (13. Platz)

2012/13: 2. Bundesliga (4. Platz)

2013-2015
2013/14: 2. Bundesliga (13. Platz)
2014/15: 2. Bundesliga (13. Platz)

2015-2017
2015/16: 2. Bundesliga (17. Platz)
2016/17: 3. Liga (18. Platz)

2017-2019
2017/18: Regionalliga Südwest (16. Platz)
2018/19: Regionalliga Südwest (12. Platz)

2019-2024
2019/20: Regionalliga Südwest (12. Platz)
2020/21: Regionalliga Südwest (6. Platz)
2021/22: Regionalliga Südwest (15. Platz)
2022/23: Regionalliga Südwest (5. Platz)
2023/24: Regionalliga Südwest (9. Platz)
2024/25: Regionalliga Südwest

Liste aller Trainer:

(Auflistung soweit bekannt, Fehler vorbehalten)

1899-1924
Willy Spreng (1921/22-1924/25)

1924-1945
Robert Pache (1924/25-1925/26)
William Stanton (1926/27)
William Townley (1926/27)
Otto Waldschmidt (1934/35-1935/36)
August Thein (1936/37)
Martin Eiling (1937/38-1938/39)
Alfred Schaffer (1939/40 – nur kurzzeitig)

1945-1960
Walter Hollstein (1946/47)
Roon, Kretschmann, Kreß (1947/48)
Willibald Kreß (1948/49)
Hermann Lindemann (1949/50-1950/51)
Fred Harthaus (1951/52)
Turnauer, Kreß (1952/53)
Willibald Kreß (1953/54-1955/56)
Bogdan Cuvaj (1956/57)
Windmann, Voigt (1957/58)
Werner Voigt (1958/59)
Ludwig Janda (1959/60-1960/61)

1961-1982
Walter Lang (1961/62)
Bernd Oles (1962/63-1963/64)
Hennes Hoffmann (1964/65-1965/66)

Heinz Baas (1966/67)
Heinz Baas, Philipp Nold (1967/68)
Hennes Schwerdhöfer (1968/69)
Schwerdhöfer, Keim (1969/70)
Willy Keim (1970/71)
Erich Gehbauer (1971/72-1972/73)
Gehbauer, Trimhold (1973/74)
Ottmar Groh (1974/75)
Milowan Beljin (1975/76-1977/78)
Heinz Bewersdorf (1978/79)
Bewersdorf, Happ, Grutsch (1979/80)
Dietmar Schwager (1980/81)
Rolf Birkhölzer (1981/82)
Birkhölzer, Heese (1982/83)

1983-1996
Dieter Stinka (1983/84)
Stinka, Usler, Grutsch (1984/85)
Dragoslav Stepanovic (1985/86-1986/87)
Peter Walz (1987/88)
Wolfgang Solz (1988/89)
Hubert Genz (1989/90)
Hubert Genz, Herbert Dörenberg (1990/91)
Herbert Dörenberg (1991/92-1992/93)
Herbert Dörenberg, Klaus Gerster (1993/94)
Klaus Gerster, Jörg Hambückers (1994/95)
Michael Dämgen, Niko Semlitsch (1995/96)
Niko Semlitsch (1996/97)

1997-2005
Herbert Dörenberg, Ronald Borchers (1997/98)
Ronald Borchers, Michael Blättel (1998/99)

Michael Blättel (1999/2000)
Kurt Garger (2000/01)
Martin Hohmann (2001/02)
Niko Semlitsch (2002/03-2004/05)
Michael Blättel (2005/06)

2006-2009
Tomas Oral (2006/07-2009/10)
Ramon Berndroth (2007/08-2008/09 – als Teamchef)

2009-2013
Hans-Jürgen Boysen (2009/10-2011/12)

2013-2015
Benno Möhlmann (2011/12-2014/15)

2015-2017
Tomas Oral, Falko Götz (2015/16)
Roland Vrabec, Gino Lettieri (2016/17)

2017-2019
Alexander Conrad (2017/18-2018/19)

2019-2024
Thomas Brendel (2018/19-2020/21)
Angelo Barletta, Thomas Brendel (2021/22)
Tim Görner (seit 2021/22)

Namensverzeichnis

Quellenverzeichnis

Literatur:

- Bauer, Dr. Thomas/Hochgesand, Dieter: Frankfurt am Ball: Eintracht und FSV, 100 Jahre Fußballgeschichte, Frankfurt am Main, 1999
- Blendin, Franziska: FSV Frankfurt Fußballfibel, Fans schreiben für Fans, Berlin, 2020
- FSV Frankfurt 1899 Fußball GmbH: Der FSV Frankfurt im neuen Jahrtausend, Frankfurt am Main, 2010
- FSV Kurier, Fußballsportverein Frankfurt 1899 e.v., Ausgaben Nr. 1/2 Januar/Februar 1962; Nr. 9/10 September/Oktober 1962; Nr. 11/12 November/Dezember 1962; Nr. 3/4 März 1963; Nr. 5/6 Mai/Juni 1963; Nr. 3 März 1981; Nr. 1 Januar 1985
- Grüne, Hardy: 100 Jahre Deutsche Meisterschaft, Die Geschichte des Fußballs in Deutschland, Göttingen, 2003
- Grüne, Hardy/Karn, Christian: Das große Buch der deutschen Fußballvereine, Kassel, 2009
- Herzog, Markwart/Fassl, Peter: Sportler jüdischer Herkunft in Süddeutschland, Stuttgart, 2021
- Hessischer Fußball-Verband e. V., Altvater; Helga/Bergdörfer, Ellen (Hrsg.): 50 Jahre Frauenfußball in Hessen, Frankfurt, 2022
- Kicker Sonderheft 89/90 Freie Fahrt für die Frauen - Damenfußball-Bundesliga startet 1990
- Moschinski, Peter C./ Thein, Martin: Lebbe geht wieder – Das Leben des Dragoslav Stepanović, Göttingen, 2013
- Schock, Harald/Hinkel, Christian/FSV Frankfurt 1899 e. V. (Hrsg.), Ein Jahrhundert FSV Frankfurt, Frankfurt am Main, 1999
- Seeger, Karl, FSV Frankfurt (Hrsg.), 90 Jahre FSV Frankfurt 1899, Frankfurt am Main, 1989
- Skretny, Werner (Hrsg.): Als Morlock noch den Mondschein traf. Die Geschichte der Oberliga Süd 1945 – 1963, Kassel, 2001

- Stenger, Harald: Unser Verein stellt sich vor: 80 Jahre Fußball-sportverein Frankfurt, Rüsselsheim, 1979
- Thoma, Matthias: Wir waren die Juddebube – Eintracht Frankfurt in der NS-Zeit, Göttingen, 2007
- Vereins-Nachrichten, Fußballsportverein Frankfurt 1899 e.V., Oktober 1950

Zeitungsberichte:

- Durstewitz, Ingo: „Wir haben noch einmal auf die Schnauze gekriegt" in: Frankfurter Rundschau, 15.06.2000
- Frankfurter Allgemeine Zeitung, „Zwölfter Sieg – Startrekord für den FSV Frankfurt", 04.10.2006
- Helms, Michael: „Der FSV Frankfurt auf dem Weg zum Cult-Verein" in: Frankfurter Neue Presse, 10.04.2000
- Helms, Michael: „Fall da Costa: Dem FSV droht heute der Abstieg in die Oberliga" in: Frankfurter Neue Presse, 30.05.2000
- Helms, Michael: „Geldstrafe für den FSV, aber Wehen protestiert" in: Frankfurter Neue Presse, 02.06.2000
- Seitz, Annette: „Das erste Fleckchen auf der Weste" in: Frankfurter Rundschau, 16.10.2016

Online:

- www.11freunde.de/interview/offenbachs-karlheinz-volz-ueber-den-pokalsieg-1970
- www.11freunde.de/artikel/ortsbesuch-eintracht-frankfurt-vs-fsv-frankfurt
- www.11freunde.de/2-bundesliga/plut-geleckt-a-4e7c45ed-0004-0001-0000-000003383744
- www.aha-f.de/pages/armin-hary.html
- www.amateurfussball-forum.de/index.php/Thread/502-Vereinslied/?pageNo=3
- www.bild.de/sport/fussball/fsv-frankfurt/geheimnisse-des-fsv-frankfurt-31386274.bild.html
- www.bornheimer-hang.de/der-stadionausbau-die-vorlaeufige-heimstaette-des-fsv/

- www.bpb.de/gesellschaft/sport/graue-spielzeit/
- www.commerzbank-arena.de/die-arena/geschichte
- www.csr-berlinweb.de/kc_williams_live_im_texas_saloon.htm
- www.dieheldenvonbern.de/chronik.phtml?q=B114
- www.fansoccer.de/ersteliga/kommentare/fsv.htm
- www.faz.net/aktuell/rhein-main/sport/50-jahre-bern-bescheidener-ball-virtuose-1163353.html
- www.fnp.de/lokales/frankfurt/Spannung-Spass-und-Spiel-sind-garantiert;art675,933302
- frauengeschichten.net/40-meisterschaften-und-noch-vieles-mehr/
- www.fnp.de/lokales/frankfurt/Die-Berger-wird-bunter;art675,1053358
- www.fnp.de/lokales/hochtaunus/Abschied-von-einer-Legende;art690,383258
- www.fr-online.de/fsv-frankfurt/fsv-frankfurt-idrissou-idrissou-will-zum-fsv,1473448,26616752.html
- www.frankfurter-stadtevents.de/Themen/Stadtteile-Straen/Bornheim_20010091
- www.frankfurt-tipp.de/insidefrankfurt/s/shopping/warum-bornheim-das-lustige-dorf-ist-kerb-und-kneipenszene.html
- www.frankfurterfrauenzimmer.de/ep10-detail.html?bio=dj
- www.focus.de/sport/fussball/fifa-ralf-kellermann-ist-frauen-trainer-des-jahres-2014_id_4400095.html
- www.leipziger-fussballverband.de/cms2/index.php?page=102
- www.nationalgeographic.de/geschichte-und-kultur/2023/08/geschichte-des-frauen-fussballs-deutschland
- www.waz-online.de/VfL/Aktuell/Damals-war-s-chaotisch

sowie diverse Daten und Fakten von:

- www.fussballdaten.de
- www.fsv-frankfurt.de
- www.transfermarkt.de
- wikipedia.de

Ein Dank!

Dieses Buch nahm seinen Anfang im November 2015! Der FSV war Zweitligist und das Buch sollte im Herbst 2016 bei einem Verlag erscheinen. Es folgten Abstiege, Insolvenz, der Verlag zog sich zurück. Etwas, in dem so viel Recherche, Arbeit und Leidenschaft steckt, sollte jedoch nicht auf einer Festplatte versauern.

Ich bin dankbar für jeden, der mir mit Tipps und Ratschlägen zur Seite gestanden hat. Stephan, der mir dabei geholfen hat, mich mit dem Verlag zu einigen und damit den Grundstein für die Veröffentlichung in Eigenregie zu legen. Bianca, die mir Tipps zum Selfpublishing gegeben und Korrektur gelesen hat.

Dazu alle, mit denen ich mich zum Teil bereits 2016/2017 über unseren FSV unterhalten habe. Insbesondere zahlreiche langjährige Fans wie Eimi, Flo, Norman, Wacho, Fritz Freyeisen, Oli Rasch ... die mir viel Zeit geschenkt haben. Verzeiht mir bitte, dass ich nicht jeden aufliste, mit dem ich gesprochen habe.

Danke an alle ehemaligen Trainer, Spieler, Verantwortlichen für den spannenden Austausch. Es ist schön, das Strahlen in den Augen zu sehen, wenn man sie auf ihre Zeit beim FSV anspricht.

Natürlich vor allem ein Dank an meine ehemaligen Kollegen und Vorgesetzten (in unterschiedlichen Funktionen) beim FSV, insbesondere Michael Görner, Patrick Spengler, Thomas Brendel, Michael Stein, Thomas Horn, Reinhold Greiner, Stephan Siegler und David Schauss. Danke für eure Unterstützung!

Zu guter Letzt danke ich meinem Mann sowie seiner und meiner Familie dafür, dass sie mir den Rücken freigehalten und mich bei diesem Vorhaben unterstützt haben. Es hat lange gedauert, aber nun ist es endlich soweit.
Danke! <3

Über die Autorin

Als Silke Bialas (geb. Kallweit) am 10. Oktober 1998 zum ersten Mal den FSV Frankfurt live spielen sah, hätte sie sich nicht im Traum vorstellen können, dass es dieses Buch eines Tages geben würde.

Bereits in ihrer frühen Jugend liebte sie es, zu lesen und zu schreiben. Und seit Mitte der 90er-Jahre auch den Fußball.

Berufsausbildung, Studium, Praktika, Nebenjobs. Der Großteils ihres beruflichen Werdegangs hatte mit Fußball und/oder dem Schreiben zu tun. Nach ihrem Studienabschluss im Bereich Journalismus und Public Relations samt Bachelorarbeit über die Pressearbeit der Bundesligisten landete sie auch beruflich im Sport. Erst beim MSV Duisburg, dann bei Eintracht Frankfurt und schlussendlich für 7,5 Jahre beim FSV Frankfurt. Eine Zeit, die ihre Spuren hinterlassen hat unter anderem in Form eines FSV Frankfurt-Tattoos.

Mittlerweile hat sie sich beruflich neu aufgestellt und zu ihren bisher 714 besuchten Fußballspielen kommen nur noch selten weitere hinzu. Und mit einem Auge wird immer mal wieder Richtung Bornheimer Hang geschielt.